映画

「沈黙」

―サイレンス―

にみる「信仰と踏み絵」

スコセッシ監督守護霊との
スピリチュアル対話

Ryuho Okawa
大川隆法

JN144006

まえがき

遠藤周作の代表作の一つ『沈黙《ちんもく》』が、「巨匠《きょしょう》」といわれるスコセッシ監督によってハリウッド映画となった。

昨年の十一月には、バチカンでもローマ法王の前で試写会が行われ、その後、全米公開となったとのことである。

法王は、長崎の隠《かく》れキリシタンたちの信仰をほめたたえつつ、この映画が世界中の人たちに観《み》られると素晴らしい、旨《むね》のおほめの言葉をスコセッシ監督に下されたそうである。

だがこの映画には、恐ろしい毒もまた埋《う》め込まれている。私の映画の鑑賞後の感想は、「長崎に原爆が落とされたのは当然だと思う人が増えるだろうな。」ということと、「命が助かるなら、キリストもローマ法王も『転《ころ》べ、転べ』とおっしゃるから、慈悲《じひ》の神は、快楽主義者なのだ。」という感じだった。果たしてこの考えは正しいか。三人の信仰者とスコセッシ監督守護霊との舌戦《ぜっせん》が本書で展開されていく。

二〇一七年　一月三十一日

幸福《こうふく》の科学《かがく》グループ創始者兼総裁《そうししゃけんそうさい》　大川隆法《おおかわりゅうほう》

映画「沈黙―サイレンス―」にみる「信仰と踏み絵」　目次

映画「沈黙《ちんもく》―サイレンス―」にみる「信仰《しんこう》と踏《ふ》み絵」
―スコセッシ監督守護霊《かんとくしゅごれい》とのスピリチュアル対話―

二〇一七年一月二十五日　収録
幸福の科学　特別説法堂《せっぽうどう》にて

7 「信仰を守る者」と「信仰に転ぶ者」をどう見るか　108

〔付録〕
収録の二日前に現れたスコセッシ監督守護霊の霊言

二〇一七年一月二十三日　収録
幸福の科学　特別説法堂にて

「霊言現象《れいげん》」とは、あの世の霊存在の言葉を語り下ろす現象のことをいう。これは高度な悟《さと》りを開いた者に特有のものであり、「霊媒現象《れいばい》」（トランス状態になって意識を失い、霊が一方的にしゃべる現象）とは異なる。外国人霊の霊言の場合には、霊言現象を行う者の言語中枢《ちゅうすう》から、必要な言葉を選び出し、日本語で語ることも可能である。

また、人間の魂《たましい》は原則として六人のグループからなり、あの世に残っている「魂のきょうだい」の一人が守護霊《しゅごれい》を務めている。つまり、守護霊は、実は自分自身の魂の一部である。したがって、「守護霊の霊言」とは、いわば本人の潜在《せんざい》意識にアクセスしたものであり、その内容は、その人が潜在意識で考えていること（本心）と考えてよい。

なお、「霊言」は、あくまでも霊人《れいじん》の意見であり、幸福の科学グループとしての見解と矛盾《むじゅん》する内容を含《ふく》む場合がある点、付記しておきたい。

映画「沈黙《ちんもく》―サイレンス―」にみる「信仰《しんこう》と踏《ふ》み絵」

――スコセッシ監督守護霊《かんとくしゅごれい》とのスピリチュアル対話――

二〇一七年一月二十五日　収録

幸福の科学　特別説法堂《せっぽうどう》にて

マーティン・スコセッシ（一九四二〜）

アメリカ合衆国の映画監督《かんとく》。イタリア・シチリア系移民の家庭に生まれる。一九六七年「ドアをノックするのは誰《だれ》？」で長編監督デビュー。一九七六年の「タクシードライバー」でカンヌ映画祭パルム・ドール（最高賞）、二〇〇六年の「ディパーテッド」でアカデミー賞監督賞を初受賞。生まれ育ったニューヨークを舞台《ぶたい》に、暴力や裏社会を描《えが》く映画が多いが、信仰《しんこう》、誘惑《ゆうわく》、罪や贖罪《しょくざい》など、宗教的なテーマを取り上げ、「最後の誘惑」ではキリストの描き方をめぐり、欧米《おうべい》社会に激しい反発が起きた。

質問者　※質問順

武田亮《たけだりょう》（幸福の科学副理事長 兼《けん》 宗務《しゅうむ》本部長）

酒井太守《さかいたいしゅ》（幸福の科学宗務本部担当理事長特別補佐《ほさ》）

大川紫央《おおかわしお》（幸福の科学総裁補佐）

［役職は収録時点のもの］

1　映画「沈黙《ちんもく》―サイレンス―」のスコセッシ監督守護霊《かんとくしゅごれい》に「信仰《しんこう》観」を訊《き》く

遠藤周作《えんどうしゅうさく》の小説を映画化した「沈黙―サイレンス―」が公開

大川隆法　先週、映画「沈黙《ちんもく》―サイレンス―」の上映が始まったところなのですが、前評判はけっこう高かったので、私も観《み》に行ってきました。

最初の休日の動員は、そこそこ出ているようです。また、初期のものではありますけれども、世間《せけん》の評価としては、五段階で四前後を付けている人が多かったので、まあ、そこそこの評価なのかなとは思っています。

原作が遠藤周作《えんどうしゅうさく》であり、その限界はあるのでしょうが、スコセッシ監督《かんとく》という、巨匠《きょしょう》といわれる人が映画

映画「沈黙――サイレンス――」
(2016年／パラマウント映画、
2017年／ KADOKAWA)

化したことで、多少、評判になっているようではあります。

遠藤周作については、『遠藤周作の霊界《れいかい》談義――新・狐狸庵閑話《こりあんかんわ》――』（幸福の科学出版刊）という霊言《れいげん》が出ています。これは、収録してから二年間も放っておかれたもので（笑）、編集部に〝捨てられて〟いたところを突《つ》っついて、二年もかかってやっと出てきた本なのですが、「狐狸庵閑話」というのは「こ・り・や・あ・か・ん・わ」などとふざけているために気に入らなかったのかもしれません。そのように、当会においても多少は触《ふ》れているものがありますけれども、彼の作品のなかで、『沈黙』は代表作の一つかと思います。

遠藤周作の霊が、キリスト教信仰について本音を語る。
『遠藤周作の霊界談義』
（幸福の科学出版刊）

映画「沈黙《ちんもく》―サイレンス―」の見どころは？

大川隆法　さて、この映画の見どころは、どのあたりでしょうか。

私たちのように宗教をしている者が観ると、やはり、「レベルが届いていない」としか言いようがありません。

ただ、「信仰《しんこう》をしている」と思っている者のなかにも、「信仰を貫《つらぬ》く者」と「〝転《ころ》んで〟（棄教《ききょう》して）いく者」がいて、この世の利益、自分の命、家族、その他、食べ物、水など、そんなもののために信仰を捨てていく者も出てきたりするようなところは、一信者レベル、もしくは信者以前のレベルの人たちにとって、切実に感じるものもあるのかもしれないと感じました。

本作は、日本で長期撮影《さつえい》をすると高くつくということもあって台湾《たいわん》で撮《と》ったらしく、昔の長崎《ながさき》や五島《ごとう》列島、隠《かく》れキリシタンのいる漁村や、奉行所《ぶぎょうしょ》などの感じを再現していたようです。映画には日本人も出ていましたけれども、やたらと英語の上手《じょうず》な日本人が多く、信じがたいところもありました（笑）。

「パードレ」と呼ばれる、いわゆる司祭《しさい》が日本に送られてきたものの、結局、日本でキリスト教信者になった人たちは次々と拷問《ごうもん》にかけられ、首を斬《き》られるなどして殺されていくのです。

例えば、若手女優の小松菜奈《こまつなな》さんも出るというので、どんなロマンスがあるのかなと思って観ていたら、何のことはありません。「隠れキリシタン」の一人として摘発《てきはつ》されて捕《つか》まり、簀巻《すま》きにされて舟《ふね》に乗せられ、ちょっと沖《おき》に出たところで海のなかへ投げ落とされて死ぬだけだったのです。まあ、この人は溺《おぼ》れるのが〝はまり役〟なのかもしれませんが、そのくらいで終わりでした。

映画の最後のほうには、穴吊《あなづ》りにされるようなところまで出てきます。信者を逆《さか》さまにして穴のなかに吊《つる》し、円《まる》い穴を開《あ》けた板に首を入れていくような感じで、かつてのイエスの弟子《でし》たちが逆さ十字に架《か》けられて死んでいったのを思わせるものがありました。

そうした奉行所等の非情を憎《にく》み、怒《おこ》る人もいるでしょうし、信仰を貫いて死んでいく人を「立派だ」と思う人もいるでしょう。あるいは、信者でありながら裏切りをするキチジローという登場人物のように、「命あっての物種《ものだね》である」とばかりに、すぐに〝転び〟、踏《ふ》み絵を踏んだりするようなタイプの人間に、自分をなぞらえる人もいるだろうと思います。

遠藤周作《えんどうしゅうさく》の『沈黙《ちんもく》』を読み、疑問を感じた小学校時代

大川隆法　原作者の遠藤周作《えんどうしゅうさく》も、「自分も、その裏切ったキチジローのような人間

●キチジロー　遠藤周作の小説『沈黙』の登場人物。ポルトガル人の若きイエズス会司祭のセバスチャン・ロドリゴを日本へと案内するが、後に裏切って長崎奉行所に密告。遠藤周作は、キチジローのモデルを自分自身であるとも述べている。

だ」と見立てていたようではあります。「まあ、神様だったら、そんな命落としてまで信仰を守れと言わずに、踏み絵を踏んでもええと言うんだろう」という感じで、自分もキチジローの仲間だと認識していたと思われます。

この『沈黙《ちんもく》』という小説は、私が小学生のころに出たもので、箱入りの本だったのですけれども、小学校中学年ぐらいまでには読んだと記憶《きおく》しています。読後に議論した覚《おぼ》えがあるので、読んだと思います。小学生の頭では、十分に理解できたかどうか微妙《びみょう》ではありますけれども、ただ、「遠藤周作の悟《さと》りが低い」ということだけはよく分かって、何か批判めいたことを家の外側の柱に書き込《こ》んだのを覚えています（笑）。

小説のなかに、「いくら祈《いの》っても祈っても、神が何も答えてくれない」といったことを強く非難していた箇所《かしょ》があったので、「これは、信仰としてはちょっと〝甘《あま》い〟のではないか」という感じを受けたのです。

映画の原作となった『沈黙』（遠藤周作著／新潮文庫）。

イエスの最期《さいご》の言葉「エリ、エリ、レマ、サバクタニ」の意味とは

大川隆法　スコセッシ監督にしても、キリスト教に多少惹《ひ》かれつつも、どっちつかずの心境があり、そういうところを追究したい気持ちがあって、遠藤周作の作品に合わせて、そのあたりのテーマを追いたいということだったのではないでしょうか。

この方は、ハリウッドでは巨匠《きょしょう》といわれる監督の一人ではあるのです。数多くの映画をつくっておられるので、そのすべてについては語れませんけれども、例えば、ロバート・デ・ニーロを起用した「タクシードライバー」（一九七六年公開）などは、確かに、昔のニューヨークを知る者にとってはちょっと懐《なつ》かしい感じの、面白《おもしろ》めの映画であったとは思います。

しかし、一九八八年につくった「最後の誘惑《ゆうわく》」という映画が問題作でした。これはキリスト教を描《えが》いた作品ですが、十字架に架けられたイエスが死ぬ間《ま》

映画「タクシードライバー」
（1976年／コロムビア映画）

際《ぎわ》に「最後の誘惑」を受けるというシーンに対し、非難が起きたのです。

そこに天使と思われる者が来て、イエスを十字架から降ろしてくれ、結婚《けっこん》して子供ももうけ、一生を長らえましたというような夢を見ている感じのシーンが続いて、気がついたら十字架の上だった、というような映画だったと思います。

そのため、当時、カトリック国ではかなりの非難が起き、厳しいことに、映画館の焼き討《う》ち事件が続発したのですが、やはり、「いくら何でもこれはひどいのではないか」ということでしょう。「イエスが悪魔《あくま》の誘惑に屈《くっ》したように見えなくもない」というようなことですが、これは●降魔《ごうま》の部分ではあるでしょう。

私も、昔、講演会でこの映画を取り扱《あつか》った覚えがあります（一九九一年九月十五日大講演会「希望の革命」。『ダイナマイト思考』〔幸福の科学出版刊〕所収）。

それと、神の声を聞き、十字架に架かることを知りながらエルサレム入城《にゅうじょう》を果たし

映画「最後の誘惑」
（1988年／ユニバーサル映画）

●**降魔**　神仏や仏法の力によって悪魔などを退けること。

たイエスが、十字架に架かる際になって、最期《さいご》の言葉として、「わが神、わが神、なんぞ、われを見捨てたまいしか」と本当に叫《さけ》んだかどうかということに対しては、「やはり、弟子のほうの理解不足があるのではないか」という気持ちが私にもありました。

これについては、私も以前、イエス本人に問うたことがあります。

イエスが最期に言ったとされている「エリ、エリ、レマ、サバクタニ」という言葉の意味について、周《まわ》りにいた人たちのなかには「エリヤを呼んでいるのではないか」と言う人もいたものの、一般《いっぱん》的な解釈《かいしゃく》としては、「神よ、神よ、なんぞ、われを見捨てたまいしか」と言って息を引き取ったということになっているわけです。

これに対し、幸福の科学の初期の霊言集のなかには、やはり、周りの人の一部が言っていたとされているものと同じように、イエスは、エリヤやラファエルに、「迎《むか》えに来なさい」というように呼んでいたのだと答えています。これは、最初期の霊言集として三冊目に出たもので、今は霊言全集のなかに入っています（『大川隆法霊言全集 第5巻 イエス・キリス

『大川隆法霊言全集 第５巻 イエス・キリストの霊言』
（宗教法人幸福の科学刊）

トの霊言』〔宗教法人幸福の科学刊〕所収)。

ここのところは非常につまずきやすいところです。キリスト教系の韓国《かんこく》新宗教である統一協会《とういつきょうかい》といわれていた宗教、今は名前を変えているらしいのですけれども(現・世界平和統一家庭連合)、その教祖・文鮮明《ぶんせんめい》なども、ここに付け込んできました。

イエスが死ぬときに、「わが神、わが神、なんぞ、われを見捨てたまいしか」と言ったなら、救世主としてはあまりに恥《は》ずかしい話だということで、イエスを偽物《にせもの》の救世主ではないかと思う人も出てきます。そこに、文鮮明のように、「自分こそが本物のキリストだ」というようなことで一宗を立てる者も出てくるわけですが、ここも、他のキリスト教諸教派からはそうとう迫害《はくがい》を受けながらやっているようです。

ちなみに、安倍《あべ》首相も、この映画の公開二日目の日曜日の午後、六本木《ろっぽんぎ》ヒルズの映画館で、ほぼ満員だったにもかかわらず観ておられたようなのですが、どんな気持ちで観られたのかは、ちょっと分かりません。統一協会に手配してもらって、就任前のドナルド・トランプ氏に会えたという説もあるので、そういうこともあって、この映画を観に行ったのか、あるいは、宗教問題全体を知りたかったのか、それとも、宗教

●エリヤ(前9世紀ごろ)　『旧約聖書』に登場するヘブライの預言者。ヤハウェのみを神とすべきと説き、ただ一人、カルメル山上でバアル神の預言者450人と戦った。

●ラファエル　『旧約聖書』に登場する大天使の一人。七大天使の一人でもあり、旅人と病人の守護者とされる。

を弾圧《だんあつ》する役人の気持ちを味わってみたかったのか、それについては分かりませんが、とにかく観に行ったようではあります。

スコセッシ監督《かんとく》の宗教観・信仰観《しんこうかん》はどのようなものか

大川隆法　このあたりが前置きとなりますが、信仰《しんこう》と踏み絵、その他、あるいは〝転ぶ〟という問題が出てきます。「この世的な利害が絡《から》んできたら、信仰を捨てるべきか、それでも貫《つらぬ》くべきか」といった問題は、宗教においては大きな問題ではあると思います。

今は世界宗教になって二十二億人も信者がいるようなキリスト教であっても、当時の長崎での弾圧を見れば、オウム真理教などと変わらないレベルの扱いでしょう。

映画のなかでは、治安当局《ちあんとうきょく》として、革命思想が入ってきたり、キリスト教国がキリスト教を使って帝国的侵略《ていこくてきしんりゃく》をしていることを日本側が知っていたために〝ご法度《はっと》〟にしているような部分がいささか表れてはいましたが、「大きなテーマ」の一つかと思います。

スコセッシ監督守護霊《かんとくしゅごれい》のご意見については、別途《べっと》、短い時間で訊《き》いたものもあるのですけれども（本書付録「収録の二日前に現れたスコセッシ監督守護霊の霊言」参照）、この映画をどういうつもりでおつくりになったのかといったこと、「宗教観」や「信仰観」をお訊きして、これから、われわれ幸福の科学が日本全国、あるいは世界に広がっていくに際し、キリスト教やイスラム教や仏教が味わったのと同じような問題は出てくるかもしれないという認識の下《もと》に、彼が提示した問題に答えうるか、どのように考えるか、少しばかり迫《せま》ってみたいと思います。

もちろん、「結論」は出ないかもしれませんけれども、「問題提起」にはなるでしょう。当会の信者のみなさんにこの映画を観ることを特に勧《すす》めているわけではありませんが、「一つのテーマ」として考えてみてください。

ちなみに、私は、この映画を観たあとには感動はなく、ちょっと体が冷たくなる感じを受けました。家内のほうは、映画を観たあと、左手が小刻《こきざ》みに震《ふる》えて止まらない感じがありました。「〝悪いもの〟が来るときには、たいていそういうふうになる」と言っていたので、双方《そうほう》とも印象的には少々足りなかったものがあるかもしれません。

ただ、それでも感動する人はいるでしょうし、映画というのは観る人によっていろいろと違《ちが》う観方もあろうかと思います。私たちは、宗教の中心部分にいる者なので、感じ方はやや違うかもしれないですし、イエス自身の霊とも話をしていますので、直接に話ができなかった遠藤周作とも違うかもしれません。

いずれにせよ、マーティン・スコセッシ監督は凡人《ぼんじん》の代表か、あるいは、巨匠として宗教的真理に迫るような立場にいるのか、そのあたりについては、どのように見えるかを、とりあえず訊いてみなければ分かりません。彼の「宗教観」「キリスト教観」「信仰観」、あるいは「信仰と〝転び〟・踏み絵」のところあたりについて追究し、時代的に何らかの参考になるようなことを汲《く》み出せればよいかと考えています。

映画についての批評は、おそらく、いろいろな媒体《ばいたい》に出るでしょうが、それが必ずしも正しいとは限りませんので、ひとつ、「宗教の立場から見てみる」ことも大事ではないかと思います。

スコセッシ監督《かんとく》守護霊を招霊《しょうれい》し、映画製作の意図を訊《き》く

大川隆法　それでは、よろしくお願いします。よろしいですか。

今日は、遠藤周作の代表作であります『沈黙』を「沈黙―サイレンス―」として

映画化されましたスコセッシ監督《かんとく》の守護霊をお呼びいたしまして、その本心、および信仰観等についてお訊き申し上げます。

マーティン・スコセッシ監督の守護霊よ。

マーティン・スコセッシ監督の守護霊よ。

どうぞ、幸福の科学にお出《い》でくださって、われわれに、その製作の意図や、考え方、あるいは世の人々に知ってほしかったこと等、教えてくださいましたら幸いかと思います。

幸福の科学のほうからの質問等にもお答えくだされば幸いかと思います。

スコセッシ監督の守護霊よ。

スコセッシ監督の守護霊よ。

どうか、幸福の科学に降りたまいて、その心の内を明らかにしたまえ。

（約十秒間の沈黙）

2 「踏《ふ》め」と言うのは、神か悪魔《あくま》か

しきりに居心地《いごこち》の悪さを気にするスコセッシ守護霊

スコセッシ守護霊　うん……。

武田　こんにちは。

スコセッシ守護霊　うん。ああ、うん。

武田　映画「沈黙《ちんもく》―サイレンス―」（以下、「沈黙」と略す）を監督《かんとく》されたスコセッシ監督の守護霊でいらっしゃいますか。

スコセッシ守護霊　う……、うん。そう……、そうです。

武田　そうですか。

スコセッシ守護霊　そうです。

武田　本日は、幸福の科学にお越《こ》しくださり、まことにありがとうございます。

スコセッシ守護霊　うん、うん、うん、うん、うん。

武田　日本では……。

映画「沈黙―サイレンス―」のジャパンプレミアに出席したマーティン・スコセッシ監督。

スコセッシ守護霊　何か、ちょっと居心地《いごこち》が悪いですけどね。

武田　居心地が悪いですか。

スコセッシ守護霊　うん。何となく居心地悪い感じがする。

武田　そうですか。

スコセッシ守護霊　うん。なんでかなあ。

武田　ああ、まぶしいとか……。

スコセッシ守護霊　うーん、いやあ……。

武田　あったかいとか。

スコセッシ守護霊　何となく居心地悪い感じはする。

武田　居心地が悪いですか。

スコセッシ守護霊　うーん。映画では取り調べとかのシーンをいっぱいつくったんですけど、何か似たような感じもちょっとあって。

武田　そうですねえ。

スコセッシ守護霊　監督のほうが取り調べられるっていうのは、ほんと、どうなんですかね。

武田　宗教的には、非常に重要な映画をおつくりになり、今、日本をはじめ世界で公開されているところかと思いますので、監督の守護霊様に、映画に込《こ》められた真意など、いろいろと伺《うかが》っていきたいと思っています。

スコセッシ守護霊　チッ（舌打ち）。うーん、うーん……。

映画で伝えたかったメッセージは何か

武田　まず、日本では、先週から映画が公開されているんですが、今日（二〇一七年一月二十五日）のニュースでは、アメリカのアカデミー賞において撮影賞《さつえい》にノミネートされました……。

スコセッシ守護霊　「撮影賞だけ」ではちょっと寂《さみ》しいねえ。

武田　寂しいですか。

スコセッシ守護霊　もうちょっと、こう、ガーンと、「作品賞」とか「監督賞」とか欲《ほ》しいなあ。

武田　うーん。

スコセッシ守護霊　「撮影（賞）」っていったら、なんかカメラワークだけみたいじゃないですかねえ。「台湾《たいわん》を長崎《ながさき》に見せた」というだけが、〝テク〟だったというあたりで終わるんじゃないですか。これは、ちょっと不本意《ふほんい》ですね。

武田　なるほど。では、監督（守護霊）としては、もう少し内容を評価してほしかったということでしょうか。

スコセッシ守護霊　そうですよ。やっぱり内容ですよねえ。内容をもっと捉《とら》えてほしかったですなあ。

人間の命《いのち》はキリスト教を信じることより大事か

武田　この映画「沈黙」に込めた、観《み》た人に伝えたかった最も重要なメッセージとは、何だったのでしょうか。

スコセッシ守護霊　「人間の命《いのち》は、キリスト教を信じることより大事かどうか」というテーマですね。まあ、一言《ひとこと》で言えばね。うん。

武田　「人間の命は、キリスト教を信じることよりも大事か」ということですか。

スコセッシ守護霊　うん。だから、教会は自分たちの利害のために伝道してるでしょう?

武田　うーん。

スコセッシ守護霊　教会は、信者が増えりゃあ財政が潤《うるお》うしさ、教勢が増えりゃ喜ぶから。これは宗教の常《つね》でね、みんなそうだけど。

それで、「日本では、宣教師が伝道をした結果、こんなにすごい拷問《ごうもん》をいっぱい受けて殺されたりしたんだよ。こんなひどい残忍《ざんにん》な殺され方をしながら殉教《じゅんきょう》した長崎の漁民《ぎょみん》たちがいっぱいいたんだよ。これでも『伝道しろ』と言うのかい？『信仰《しんこう》しろ』と言うのかい？」っていうテーマだよねえ？

問題提起する側《がわ》としては、これは、やっぱり、常に考えなきゃいけない視点だよね。はたして、キリスト教ができて以来、人類が幸福になったのかどうか。

まあ、過去、イエスの時代も残忍だけど、それを下《くだ》ってからも、二、三百年、すごい迫害《はくがい》を受けているよね。

ローマにやられて殺されたり、逆《さか》さ十字に架《か》かったのもいるし、ライオンの餌《えさ》になったのもいるしね。

それは、そこの初期のキリスト教とローマ帝国《ていこく》あたりの問題だと思ったら間違《まちが》いで、これは、「世界で伝道したら、同じようなことがいっぱい起きたんだ。日本でもこんなことが起きたんだけど、これでも、『イエスを信じろ』と言うのかい?」というようなことかな。「本当の神様だったら、『命を大事にしろ』とか、言うんじゃないのかい?」という。

そんな彼らに、「転べ、転べ」と言ったその〝神の声〟が……、まあ、これは創作はあるけども、神の声が聞こえないから「沈黙」なんだけど(笑)。ちょっと聞こえてくるんだけど、まあ。

だから、踏《ふ》み絵? マリアの像とか十字架を踏んだりすることぐらい、まあ、この世的なものじゃないですか。それを「踏むな」と言って「死ね」と言う神様と、「おまえたちの命が助かるためなら、そんなものは踏んでも大丈夫《だいじょうぶ》。いい」と言ってくれる神様と、どちらが本物だと思うか。「踏め」と言うのが悪魔《あくま》だと思うか、神様だと思うか。

まあ、こんな問題も提起したつもりではいるんだけどね。

スコセッシ監督《かんとく》は「敬虔《けいけん》なクリスチャン」なのか

武田　そうしますと、調べましたら、スコセッシ監督《かんとく》は、「敬虔《けいけん》なクリスチャンであり、カトリックの信者である」という資料もあったのですけれども、キリスト教の信者ではないんですか。

スコセッシ守護霊　まあ、私も、いちおうニューヨーク生まれだからさあ、〝国教〟はキリスト教だからね。だから、そらあ、「信者」と言やあ「信者」の面はあるけれどね。だけど、まあ、思想家、表現家、あるいは創作家としては、無前提に、何でも全部受け入れるわけにはいかないじゃないですか。いちおうね。

マスコミではないけれども、映画のなかでだって、「政治的テーマ」や「宗教的テーマ」、その他「哲学的《てつがく》テーマ」等、いろいろ、「人間生活にかかわるテーマ」がいっぱい入ってくるわけですからねえ。いろんな見方を提示するということは、問題提起としては大事なことじゃないですか。

だから、完全に全部を否定してたら、それは、映画はつくりませんよ。こんなのは、まったく愚《ぐ》にもつかないもんだとしか思ってないなら、そんなねえ、わざわざ、百六十何分もの映画はつくりませんよ。

それは、関心はあったし、興味も長く持ってて、長く考えたからこそ、つくったわけだし、まあ、「最後の誘惑《ゆうわく》」ではもの足りなくて、さらに、この『沈黙』の映画化まで考えたわけだからね。

武田　まあ、そのようですね。

3　なぜ、日本ではキリスト教が広がらないのか

原作と出合ってから映画化に至るまでの葛藤《かっとう》

武田　今、お話に出た映画「最後の誘惑《ゆうわく》」を撮《と》って、公開するころ、ニューヨークの大司祭《だいしさい》から、「信仰《しんこう》を学ぶなら、この遠藤周作《えんどうしゅうさく》の本を読むべきだ」ということで、献《けん》本《ぽん》されたところから、この『沈黙《ちんもく》』という小説との出合いはあったみたいですね。

スコセッシ守護霊　うん、うん、うん。

武田　そして、監督《かんとく》は、小説の『沈黙』を読まれてから二十八年、作品について考えを深められ、映画化が実現したということでした。

そうしますと、これは「信仰の葛藤《かっとう》」の映画でもあるのかなと思うんですけれども。

スコセッシ守護霊　うんうん。それはそうだ。うん。

武田　これは、まさに、スコセッシ監督の「信仰の葛藤」ということでよろしいのでしょうか。

スコセッシ守護霊　自分自身もそう思ったところはあるし、まあ、歴史に題材を取ってるからね。

武田　ええ。

スコセッシ守護霊　描《えが》き方が正確かどうかは分からんけれども、あれは歴史的事実だからねえ。長崎《ながさき》でキリシタン・バテレンの大弾圧《だいだんあつ》があって、宣教師や多くの

小説『沈黙』の舞台となった長崎県長崎市西出津町《にししつまち》に設置されている「沈黙の碑《ひ》」。「人間がこんなに哀《かな》しいのに 主よ 海があまりに碧《あお》いのです」という、遠藤周作の言葉が刻まれている。

漁民《ぎょみん》信仰者たちが殺されたっていうのは、これは実際にあったことだからなあ。
だから、それにテーマを取って世に問うという問題と、当時もキリスト教伝道はすごく難しかったけど、現在でも日本ではキリスト教伝道は非常に難しい。その理由はいったいどこにあるのかっていう、日本人の思想の源流にまで触《ふ》れて明らかにしようとしたところがあるわなあ。

スコセッシ守護霊が考える「日本の思想の源流」とは

武田　では、スコセッシ監督《かんとく》守護霊が考える「日本の思想の源流」とは、何だったのでしょうか。

スコセッシ守護霊　だから、「泥沼《どろぬま》」でしょ？

武田　泥沼？

スコセッシ守護霊　うん。何も生《は》えない。「泥沼」だから。

武田　ああ、映画にもそういう表現がございました。

スコセッシ守護霊　うーん。種をまいても生えてこない。

イエス自身も言っているよなあ。籾《もみ》をまいても、石の上に落ちたら枯《か》れちゃうし、熱いところの上へ落ちても駄目《だめ》だし、痩《や》せた土地も駄目だしなあ、肥沃《ひよく》なところにまいたものだけが育つみたいなことは、イエスも言っているじゃない？

だから、日本っていうのは、まあ、仏教の言葉もあったと思うけど、結局は、「スワンプ（沼地）」なんだと。泥沼なんだと。だから、何をまいても成長しやしないんだっていう、まあ、そういう言葉だよな。

武田　うーん。

スコセッシ守護霊　あれは、〝遠藤さんの悟《さと》り〟でもあるけど、私も、日本の信仰事情を見るに関しては、まあ、あんな感じを、やっぱり持っていたね、うん。

武田　ほお。

スコセッシ守護霊　だから、日本人には、そういう神の教えみたいなのは、入らないんだということだな。

武田　ただ、例えば、映画にもありましたけれども、日本には、仏教、そして神道《しんとう》という宗教が、キリスト教が伝来《でんらい》する前から根づいていたわけなんですけれども、その事情はご存じの上でおっしゃっているんですか。

スコセッシ守護霊　うーん、まあ、ほかの宗教は、そんなに詳《くわ》しくはないからよく分からないんだけれども。まあ、神道のほうはちょっとだけ分かるんだけどね。

武田　はい。

スコセッシ守護霊　まあ、鳥居《とりい》ね？　鳥居をくぐって、あと、手を二回叩《たた》いて、お賽《さい》銭《せん》を入れて、なんか〝ロープ〟を引っ張ったら、〝それで終わり〟の宗教なんだろ？

武田　うーん、そういうご理解なんですね。

スコセッシ守護霊　うん、うん。「かたち」だけだな。

武田　ああ……。

キリスト教が日本に根づかないのはなぜか

武田　映画では仏教も描かれていました。

スコセッシ守護霊　仏教も、何だか、「ナンマイダー（南無阿弥陀仏《なむあみだぶつ》）」だけ言うてるような感じだよなあ。まあ、そんな感じ。

武田　そういうご理解で、日本は「泥沼」なんだとおっしゃっているわけですよね。

スコセッシ守護霊　いやあ、映画のなかにもあったと思うが、普遍《ふへん》的な教えだったら、世界のどこで種をまいたって、育たなきゃいかんじゃないの。「あるところだけ、どうしても広がらない」っていうのは、「普遍的ではない」っていうことになっちゃうじゃない。

だから、まあ、キリスト教の限界といえば限界だけど、普遍性がないところがあるんじゃないの？　ヨーロッパ、欧米《おうべい》には根づいたけど、ほかでは根づかなかったように、キリスト教にもそういうところがあるんじゃないの？　っていう……。

武田　それは一理ありますし、理解できますけれども、それが、日本という国が「泥沼」であって、信仰が根づかない国だという結論にはならないのではないでしょうか。

スコセッシ守護霊　だからさあ、（映画に登場する）奉行《ぶぎょう》とかキリスト教の通訳（通辞《つうじ》）とかも、キリスト教について理解していないわけじゃなかったよねえ。ちゃんと、ある程度理解はした上で、ロジカルに、いちおう攻《せ》めてきていたわね。「利害を考えてみいよ」ということだったわねえ。で、キリスト教信者が考えてない部分のところも、まあ、考えてはいたわなあ。

ちょうど天草四郎《あまくさしろう》の乱が直前にあったあとの弾圧だから、〝きつい頃《ころ》〟ではあるんだけどね。それについては描かなかったけども。天草四郎の乱を描くと、金がもっとかかるから、ちょっとそれはやめたんだけど（笑）。

だから、日本人的に見て、そんな命を捨ててまで信仰するなんていうのは、日本では本来、あまりない思想だよねえ。インドでも本当はあんまりない思想だと思うんだけど。東洋ではあんまりそこまでないんだと思うし。

何となく、日本の信仰は、何て言うのかなあ、〝物《もの》信仰〟みたいなのね。「物神《ぶっしん》」っていうのは〝物の神〟みたいな、何か〝物〟を一生懸命《いっしょうけんめい》祀《まつ》る癖《くせ》があるように見えてしかたないので。石ころでも何でも祀るしさあ、木の根っこでも祀るしさあ、天狗《てんぐ》のお面でも祀るしさあ、何でもいいような。

こういうところには、キリスト教みたいな高度な教えは、ちょっと無理なんじゃないかなあっていう。

武田　ああ、なるほど。では、日本にあった日本神道や仏教は、高度な宗教ではないというご認識なんですね。

スコセッシ守護霊　いやあ、宗教だろうけども、まあ、原始宗教だから、高等な宗

天草四郎の乱（島原《しまばら》の乱）は、1637年、圧政と重税、過酷なキリシタン弾圧に対して起きた一揆。天草四郎は16歳にして一揆軍の首領となり、長崎県島原半島の原城《はらじょう》に籠城《ろうじょう》して90日間戦ったが、一揆軍は皆殺しにされた。写真は、天草殉教公園に立つ天草四郎の像。

教は無理なんじゃないかって。特に、「神の声が聞こえて教えになる」みたいなのは、ちょっと理解できんかったんじゃないかなあっていう感じはあるんだけどなあ。

武田　では、「キリスト教は高度な教えである」という認識はあって……。

スコセッシ守護霊　まあ、たぶんね。

武田　「たぶん」ですか。

スコセッシ守護霊　うん、うん。

武田　まあ、「そういう宗教が根づかない国であった」ということをおっしゃっているんですね？

スコセッシ守護霊　あんたがたは軟《やわ》らかいお米のご飯《はん》が好きなんだろうけど、ヨーロッパとかでは硬《かた》いパンをかじって食べてる。あなたから見れば、歯が折れるようなパンを食べる。まあ、その程度の違《ちが》いはあるんじゃないの？　っていう感じかなあ。

武田　うーん。ちょっとその説明はよく分からないんですけど。その程度のご理解で映画をつくられたということでよろしいんですかね。

4　スコセッシ守護霊の「信仰観《しんこう》」「人生観」とは

映画「沈黙《ちんもく》」で描《えが》いた「転べ」の意味について

スコセッシ守護霊　まあ、でも、〝宗教の持つ原罪《げんざい》〟もちょっと暴《あば》きたかった感じはあるなあ。

武田　原罪？

スコセッシ守護霊　うん。宗教を信じることで、こんなにこの世的に損をするっていうか、被害《ひがい》を受けて、耐《た》え忍《しの》ぶことに、そんなに意味があるのかっていう。「じゃあ、マリア像を踏《ふ》まれたり、あるいは、十字架《じゅうじか》に架かったイエスの像が踏まれたら、マリアさんやイエスさんは痛いのか」と。「ほんとに苦しむのか」ということを訊《き》きたいよ、私も訊けるなら。ねえ？　それを訊けない。全然傷つかずに痛くもないなら、別に構わんじゃない。

あんた、殺《あや》めることを勧《すす》めるようなそんな神様だったら、地上の信者はねえ、やっぱり、信仰《しんこう》がぐらつくじゃない。なあ？　ここは大事なところだよ。

武田　確かに、映画のなかでは、信仰による不幸や悲劇のようなものはたくさん描《えが》かれていましたが、「信仰による幸福」や「信仰の素晴《すば》らしさ」などの描写《びょうしゃ》はほとんどなかったですよね。信仰するということは、本当にそういうものでしょうか。

スコセッシ守護霊　「あなたがたを救うのは、信仰ではなくて、信仰を捨てることによって幸福になれる」ということは、いっぱい描いたわなあ。

武田　あっ、それを言いたかったわけですね。

スコセッシ守護霊　「転べ」ということだなあ。

武田　そうですよね。

スコセッシ守護霊　「転べ」ということは、「この世の流儀《りゅうぎ》に合わせたほうが、より幸福になれるよ」ということだわなあ。

武田　確認ですが、スコセッシ監督《かんとく》守護霊の信念というか、信仰は……。

スコセッシ守護霊　いやあ、まあ、原作者の遠藤《えんどう》さんとの〝コラボ〟だから、それは、「私だけの」とは言えない。原作があるから言えないけども、遠藤さんは、そういう感じを持ってるからさあ。「この世的な命を長らえたほうがよろしい」という考えのようには見えましたけど。

武田　それは、やはり、「無信仰の勧《すす》め」ということですか。

スコセッシ守護霊　そんなことはないんじゃない？　信仰されるべき神様だったら、信者の幸福を願うのが当たり前でしょ。

だから、信者が不幸になることを神様が願ってるという、そういう信仰を強要するのは、この世の人間というか、パードレたち、つまり、司祭《しさい》たちで、そんなことを自分らのビジネス戦略的にやってるだけのことなんだから。本来の神の立場から見たら、「命を守るためなら、そんな踏み絵は構わないよ」と。「キチジローの生き方こそ本物なんだ。人間なんだ」っていう、まあ、それでいいじゃん。実存主義とも合っとるしさあ。

「あれだけ迫害《はくがい》されたって、何一つ奇跡《きせき》は起きない」

酒井　少し気になるのが、「ビジネス戦略」とか、「教会の利益のために伝道をやっている」とか……。

スコセッシ守護霊　うん。教会はビジネスですよ。

酒井　ビジネスですか。

スコセッシ守護霊　うん。それはビジネスですよ。

酒井　では、伝道というのは何なのでしょうか。

スコセッシ守護霊　ええ？　だから、伝道があったから、そういうふうに、悲劇をあちこちでいっぱい起こしてますよ。

酒井　いや、教会や信仰者たちは、何のために伝道をやっているのですか。

スコセッシ守護霊　ええ？　教会の人が食っていくためにやってるんでしょう？

酒井　食べていくためのビジネス？

スコセッシ守護霊　それはそうでしょう。だから、信者が減ったら教会は潰《つぶ》れる。

酒井　ビジネスですね？

スコセッシ守護霊　実際はそうですよ。ニューヨークで見られるのも、あれもビジネスです。潰れてますから。

酒井　そうすると、キリスト教を信じた人にとっての最大の幸福は何だと思いますか。

スコセッシ守護霊　うん？

酒井　あなたは、キリスト教信者にとっての最大の幸福は何だと思いますか。

スコセッシ守護霊　まあ、奇跡《きせき》が起きれば、それがいちばん幸福なんでしょう。

酒井　どういう奇跡ですか。

スコセッシ守護霊　病気が治ったりする、イエスが起こしたような奇跡が起きりゃいいんだけど、今のローマ法王だと、そんなものは起こせやしないしさあ。だから、あれだけ迫害《はくがい》されたって、何一つ奇跡は起きないんだから。「鉄砲《てっぽう》の弾《たま》が当たっても死ななかった」とかさあ、何一つ起きない。

ちゃんと科学的法則に則《のっと》って、「簀巻《すま》きにして海に放り込《こ》んだら、溺《おぼ》れて死ぬ」んだよ。「穴に宙吊《ちゅうづ》りにして、そして血を滴《したた》らせて、最後は首を絞《し》めて、首を斬《き》ったら、それで死ぬ」んだよ。確実に死ぬんだよ。百パーセント死ぬんだよ、人間は。

「人生のいちばんの幸福」とは何か

酒井　では、死は幸福ですか、不幸ですか。

スコセッシ守護霊　ええ？　いや、この世に生きてる人間にとっては不幸ですよ。それは当然ですよ。

酒井　不幸？

スコセッシ守護霊　まあ、いずれ、やがてみんなに来るけどさあ。でも、なるべくなら長生きして、人生を全《まっと》うして死にたいじゃないの。みんな、殺されたくないでしょう？

酒井　とすると、あなたにとっての幸福は「長く生きること」ですか。

スコセッシ守護霊　「長く生きる」とは言ってないけど、あなただって、交通事故で死にたくないでしょう？　ましてや、変人に襲《おそ》われてさあ、斧《おの》で首を斬られて死んだりしたくはないでしょう？

酒井　うーん。では、あなたにとっての「幸せな死に方」とは何ですか。

スコセッシ守護霊　ええ？　それは、いい仕事をして、みんなにほめられて、家族に見守られて死ぬことですよ。まあ、あとは知らん。

酒井　あなたにとっての「いい仕事」とは何ですか。

スコセッシ守護霊　うん？　いい仕事？　だから、この世的に自己実現ができたら、いい仕事だよ。

酒井　あなたの自己実現とは何ですか。

スコセッシ守護霊　うん？　自己実現？　だから、社会啓蒙《けいもう》をやってるわけだよ。

酒井　あなたは何を啓蒙していますか。

スコセッシ守護霊　まあ、一般《いっぱん》の人たちにだなあ、「人生にとって何が大事か」ということを、いろいろ考える材料を提供してるわけ。

酒井　「人生にとって、何がいちばん幸福か」の答えは何ですか。

スコセッシ守護霊　うん……、だから、何か職業で成功することが、やっぱり、いちばん幸福なんじゃないの？

酒井　成功することが幸福？

スコセッシ守護霊　うん。

酒井　お金とかが儲《もう》かるということですか。

スコセッシ守護霊　いやあ、別に、それはねえ、「大きな成功をすればいい」って言ってるわけじゃないですよ。

それは、私は、ウォールストリートみたいなところで成功するやつも映画としてはつくってるけども、「タクシードライバー」みたいなのでも構わないという考えもあるわけだから。

タクシードライバーにも生き方はある。それ流《りゅう》の生き方があるという……。別にこれは、高級階級でも何でもない。まあ、低級、今で言えば、ほとんど移民がやってるような仕事ですからねえ。そういう人生も描いてますから。

だから、その人生がその人にとって、まあ、何と言うか、「ふさわしい生き方」ができたと思えば、それはそれで幸福なんじゃないの？

映画「沈黙」の裏に隠《かく》されている批判とは

酒井　あなたは、「善」や「悪」はあると思いますか。

スコセッシ守護霊　それはあるけど、気をつけないとだなあ、神そのものの考えが分からないで、この世のパードレ、まあ、司祭とか、そのレベルが「善悪を決める」と間違《まちが》いが起きやすいと思う。学校の先生と同じでなあ。

だから、世間《せけん》知らずのところがいっぱいあるからさあ。世間知らずの宗教者が、あんなに善悪のことに口を出すと間違いが起きて、それに従った信者は悲劇を巻き起こすと。

要するに、こんなのが結局、いろんな戦争や何かのもとになりやすいことになるから、宗教は、そういう政治利用をされないように気をつけないといかんところがあるよなあ。

だから、日本のクリスチャンたちの悲劇もだなあ、長崎《ながさき》等で伝道された信者たちが、すぐ革命軍になるからねえ。それで、やっぱり、政治のほうが弾圧《だんあつ》に出てきたわけだろうから、その国の治安のために。まあ、〝治安維持法《いじほう》〟だなあ。そのために弾圧したんだろうから。

信者の側も、「内心の自由」を守る分にはいいけども、そういうふうに、政体を揺《ゆ》さぶるような政治運動とか革命運動とかをやったら……。

まあ、これについては今回、イスラム教のことも、裏では認識してやったよ。だから、イスラム教とかも、何て言うの？ 「神のために戦って死ね」みたいなのが本当の神の願いなのか。聖職者《せいしょくしゃ》というか、そういうイスラム教の指導者たちの打算、利害のために、戦力として、ただ戦って死ねと……、まあ、「爆弾《ばくだん》を抱《だ》いて突《つ》っ込んでいけ」と言われて、〝神風《かみかぜ》〟をやってるみたいなところもあるからさあ。本当は、裏にはイスラム教徒のテロリスト批判も、ちょっとあるんだよ。うん。

「預言者《よげんしゃ》や救世主を信じるのは賭《か》け」

酒井　あなたは、「善悪を決めてはいけない」と言いますけど、まず、神を信じますか。

スコセッシ守護霊　うん？

酒井　神の実在というか、今、神がどうされていると思いますか。

スコセッシ守護霊　見せてくれたら信じるよ。

酒井　あなたは信じているか、信じていないか……。

スコセッシ守護霊　いやあ、見せてくれたら信じる。

酒井　あなたには見えましたか。

スコセッシ守護霊　ええ？　見えるわけないじゃない、そんなもん。

酒井　ということは、信じていない？

スコセッシ守護霊　いや、神は見えないものなんじゃないの？

酒井　しかし、見たら信じるけど、見えないものをどうやって……。

スコセッシ守護霊　見えないし、声が聞こえるのも、歴代の預言者《よげんしゃ》と救世主に限られてるでしょ。だから、その人が嘘《うそ》を言ってるか、本当のことを言ってるかは、みんな分からんから、「賭《か》け」で。本当だと思ったら信じ、嘘だと思ったら信じないと。

で、嘘か本当か分からなくて、みんな、賭けみたいに信じるか信じないかを決める。まあ、私らから言わせりゃあねえ、その宗教を信じた結果、大変な被害がずっと延々と続くようだったら、信じないほうが、それはよかったんじゃないの？　っていう面もあるよと。

この世的に自分の人生を全うしたかったらだねえ、そんなの、聞かないほうがいいんじゃないの？　と。神の声なんて、そんなものは誰《だれ》も分からないんだから。嘘やら本当やら、悪魔《あくま》の声やら神の声やら、神だって種類はいっぱいあるかもしれないし、レベルが近いのも低いのも、異教の神もいるかもしれないんだから、それだけで信じるのはちょっと甘《あま》いんじゃないの？　と。やっぱり、旧約の時代から悲劇がいっぱいあるからねえ。神の声を聞いて、やって、悲劇が起きるのはいっぱいあるから。

要するに、「自分の命や家族の命が危険にさらされるような信仰なら、捨てたほうがいいんじゃないの？」と。

だから、「ヒットラーみたいなのに、あんな皆殺《みなごろ》しにされるんだったら、ユダヤ教だって捨てたほうがよかったんじゃないの？」って言いたいぐらいですよ。

イエス・キリストのことを信じているのか

酒井　イエス様が神様の声を聞かれたことは信じているんですか。

スコセッシ守護霊　証明はできてない。

酒井　いや、証明ができていないかどうかは別として、あなたは信じて……。

スコセッシ守護霊　イエスがそう言ってるだけで。イエスがそう言って、イエスの弟《で》子《し》が一部信じただけで。

酒井　あなたが信じているか、信じていないかです。

スコセッシ守護霊　ええ？

酒井　イエス様が神様の声を聞いたのは……。

スコセッシ守護霊　そんな、今はね、教会はそうなってないのよ。

酒井　いやいや。教会ではなくて、あなたの心で信じているか、信じていないかを言ってください。

スコセッシ守護霊　〝ネズミ捕《と》り方式〟で、とりあえず教区内にいるやつを全部捕《つか》まえていくっていう方式で教会はやってるので。まあ、ビジネスモデルにしかすぎないわねえ、ほんとに。

酒井　そうではなくて、あなたはイエスのことを信じていますか。

スコセッシ守護霊　ええ？　私の内心について、あなたに訊《き》かれる理由は何にもない。

酒井　いやいや。「信じているか、信じていないか」は、二つに一つですよ（苦笑）。

スコセッシ守護霊　ええ？　そんなものはねえ、そんなものは分かりませんよ。

酒井　なぜ、そうやってはぐらかすんですか。

スコセッシ守護霊　だから、自分自身が正しいかどうかだって信じることはできないんですから、ましてや、自分じゃないイエスなんて信じられません、そんな簡単には。

酒井　あなた自身の心も信じられない？

スコセッシ守護霊　それはそうですよ。毎日変わりますから。

酒井　あなたの信念は信じられない？

スコセッシ守護霊　うん。ただ、「快・不快の原則」だけは分かる。自分にとって愉快《ゆかい》か、不愉快かだけは、それは分かる。

酒井　そういう哲学《てつがく》は、どこかで聞いたことがありますね。

スコセッシ守護霊　そうですか。ふうーん。

神を信じることへの葛藤《かっとう》がある？

スコセッシ守護霊　（大川紫央に）はい、どうぞ。おばさんじゃない、ごめんなさい。若いんだから。

大川紫央　『沈黙《ちんもく》』という小説のなかでは、神の声はずっと聞こえないままだと思うので、映画でも沈黙のまま、サイレンスのままでよかったのかなと思うんですけれども、監督《かんとく》はあえて、神の声と思われるようなものを最後に入れられたと思います。

スコセッシ守護霊　うん、うん。

大川紫央　今のお話を聞いていると、「それなら、なんで、わざわざ神の声を最後に入れたんだろう?」と思うんですけれども、そこは何か意味があるんですか。

スコセッシ守護霊　うん。まあ、でも、入れても入れなくてもいいんだけど、入れないと、何か寂《さみ》しいじゃない、物語としてさあ(笑)。だから、死んでいくやつたちを弔《とむら》う気持ちもちょっとはあるからさあ。

大川紫央　映画を拝観したり、お話をお聞きしたりしていると、神を信じたいけれども、どこかに信じられない自分がいて、それでずっと葛藤《かっとう》されているところを、映画とか、そういうもので表現されているのかなあという感じもします。

スコセッシ守護霊　だから、社会現象全体に関心があるわけよ、映画をつくってるだけあってね。そしたら、「なんで、こんなに矛盾《むじゅん》と不幸に満ちているか」っていう気になるじゃない。

イエスが生まれて二千年たってもさあ、病人は相変わらず出るしさあ、事故はいっぱい出るし、殺人事件は相変わらず続くし、麻薬《まやく》も続くし、人の憎《にく》しみ合いも続くし、アメリカだって、いまだに分裂《ぶんれつ》国家で喧嘩《けんか》し合ってるわけで、共和党系と民主党系、その他の移民とかが喧嘩し合ってるわけだから。

二千年前に神の独《ひと》り子が降りてさあ、キリスト教を広げて、で、アメリカはキリスト教国家で、「神を信じます」っていうのが九十何パーセントもいるというのにさ、なんでこんなに不幸や悲劇、犯罪ばかりがあるわけよ?「神様に責任はないの?」

って、ちょっとは。そういう感じよ。

大川紫央　けっこう理想主義なところもおありで、現実と、「神様がいるというのに、なぜ、世の中はこんなに苦しみに満ちているんだろう」というようなところとかの葛藤が、監督自身のなかにもおありになるのかなという感じもします。

スコセッシ守護霊　あるよ。そらあるよ。うん。

「司祭《しさい》が、学校の先生の変化形にしか見えなかった」

大川紫央　正確な情報ではないのですけれども、監督ご自身は、アメリカで生まれ育っておられるものの、イタリア系移民のなかで育ったため、多少、マフィアといった存在とも近いところで育ったと言われています。それでも、一説には、「少年時代はカトリックの司祭《しさい》を目指していた」と言われているのですけれども、何か、その「理想と現実のギャップ」というものを感じておられるということですか。

スコセッシ守護霊　ああ、すごくあるよ。とにかくねえ、まあ、パードレとは言わんが、プリースト（司祭）たちの実際の人間性とか生活を見てるとなあ、うーん、この世的に見て、会社の経営者っていうか、社長よりも偉《えら》いようには、決して見えなかったところはあるわねえ。だから、学校の先生の変化形にしか、やっぱり、見えなかったね。そんな感じで。

うーん、まあ、「日曜教師だけでもよかったんだけど、家族の生業《なりわい》を立てるぐらいの収入をあげられればいいいな」っていうところで。〝信仰のお墨付《すみつ》き〟や、例えば、「バチカンだとか、その他の大教会みたいなところが〝お墨付き〟を与《あた》えれば、それが正統性なんだ」みたいなところだったからなあ。まあ、ちょっと疑問は残ったなあ。

だから、救えないんだよ。

私の映画にも描《か》かなかったけども、何にも奇跡が起きない。奇跡を起こすのはねえ、〝転ぶ〟こと。要するに、嘘をついたり、仲間を告発したり、裏切ったりすることによってのみ、自分の命は助かる。

天使が来て、牢《ろう》を開けてくれたりもしないしね。斬《き》られた首がつながったりもしないし、海に落とされても、魚が連れていって、竜宮城《りゅうぐうじょう》で生きてたりもしないし、奇跡なんか何にも起きない。悪いことは確実に起きる。いいことは、人を裏切ることによってしか起きない。

この世の中は、やっぱり、おかしいよ。

5　宗教の教えは人間を不自由にするのか

「宗教とは基本的に自由を奪《うば》うもの」というのが本音か

大川紫央　そうした考えを持つことは分かるのですけれども、私自身は信仰者《しんこうしゃ》ですので、「沈黙」を観《み》たときに、「信じる者にとっては、信仰というものが、自分の命を差し出すほど重要なものである」ということを、一つ、訴《うった》えてくださっているような面もあるのかなと思うところもありました。

しかし、もう一方では、「宗教の信仰のところを捨ててしまいさえすれば、苦しみから逃《のが》れられる」といった受け取り方もできるようになっているのではないかとも感じたのです。私には、最後、「宗教そのものが苦しみになっている」ようにも感じたのですけれども、監督《かんとく》の守護霊様は、宗教をそのようなものだと思われているのですか。

スコセッシ守護霊　そうなんじゃないの？　だから、宗教っていうのは、基本的に自由を奪《うば》うものなんじゃないの。

大川紫央　ですから、おそらく、あなたがイメージされている、宗教を信じることによって生じる、「こうあらねばならない」というようなところや、戒律《かいりつ》的なものなどが、この世の中を生きていく上で苦しみになっているので、そこを取り除《のぞ》いてしまって、「この世的に生きやすく、楽しく、成功する方向に行ったほうが、人として幸福なのではないか」というところを……。

スコセッシ守護霊　っていうかさあ、クリスチャンといったって、みんな、事実上、〝偽善者《ぎぜんしゃ》〟じゃないの。

アメリカだってキリスト教国になってるけどさ、まあ、移民で来るやつもキリスト教徒なんだけどね、イエスの教えなんか守ってやしないよ。みんな、もう破りまくってるしさ。それから、バチカンのローマ法王庁の教えなんて、全然守っていないよ。

みんな、表向きは「分かった、はいはい」って言ってるけど、裏では全然守っていないようなことをやってるしさ。バチカン自身も、マフィアにだいぶ染まって、裏金を使ってるようなところだからねえ。

だから、ある程度、理性でもって、自由を束縛《そくばく》しているものは、ちょっと断《た》ち切らないといかんのじゃないかなあと。

会社だってさあ、「転職の自由」があるわけだから。辞《や》めて、ほかに移ってもいいんだからさ、それなら、宗教だって、自分の身に危険が及《およ》ぶような宗教だったら、捨てたっていいんじゃないの？　別に。そこまで縛《しば》る必要はないんじゃないの？　そんな、神の教えといったって、会ったこともない神様のことで、そんなに義理を立てる必要はないんじゃない？

大川紫央　ですが、監督ご自身も、宗教をテーマに扱《あつか》っている作品もわりに多く手掛《てが》けていらっしゃって……。

スコセッシ守護霊　まあ、勉強した時間が長いからね。

大川紫央　宗教に関心はあるのだけれども、もう一歩、その信仰までは踏《ふ》み切れなくて、イエス様などに対しても、「本当は人間なんだ」という方向の考えになっていらっしゃるのかなと思うのですが。

スコセッシ守護霊　イエスの教えに忠実に行《い》ったらさあ、ニューヨークの繁栄《はんえい》なんていうのはありえないじゃん。金儲《かねもう》けしちゃいけないんだろう？　天国に行けないんだもん。な？　地獄《じごく》に行かなきゃいけないからさ、ニューヨークの繁栄自体がありえないよ。

だから、聞いちゃいけないんでしょ。教えをほどほどに聞いて、それ以上は聞いちゃいけないんじゃないの？　うん。

それで、信仰による奇跡《きせき》も、教会でやらないで、病院でやったほうがいいんじゃないの？　病院に行くか、薬局に行くかしたほうがいいんじゃないの？　うん。

大川紫央　イエス様ご自身は、貧しさを肯定《こうてい》しているわけではなく、お金をたくさん持つことにより、お金のほうに心が従属《じゅうぞく》していくことを否定されたのだと思うのです。
　また、今、お話をお聞きしていると、ご存じかは分かりませんが、日本の仏教界で言う、●中村元《なかむらはじめ》さんのような方が……。

スコセッシ守護霊　知らん。よく知らんけどね。

大川紫央　その方は、「仏陀《ぶっだ》は人間である」ということをおっしゃっていたのですけれども、そういう感じの雰囲気《ふんいき》に近いのではないかという印象はお受けするのですけれども。

スコセッシ守護霊　うん。まあ、それと、日本では、その何て言うか、「十字架《じゅうじか》に架かった神様みたいなのは信じない」っていうことを描《えが》きたかったことは、そのとおり

●中村元（1912～1999）　東京大学名誉教授。インド哲学、仏教学、比較思想学の権威として、『東洋人の思惟《しい》方法』『インド思想史』等、多数の著作や論文を発表した。なお、幸福の科学の霊査で、死後、地獄の無意識界に堕《お》ちていることが判明している。『仏教学から観た「幸福の科学」分析』（幸福の科学出版刊）参照。

だけどね。

だから、これは、本当はもともとからある疑問だろうとは思うんだけど、パウロが捻《ね》じ曲げて、「みんなを救うために、罪を贖《あがな》うために犠牲《ぎせい》になったんだ」みたいな、「生贄《いけにえ》の子羊論《こひつじろん》」を出してきたからさあ。本当に、この信仰が曲がっていないかどうかは、やっぱり、疑問がないわけではないわなあ。

日本は、何て言うか、そういう、〝殺された神様〟を信仰するみたいなのは、あんまり好きでないんだろう？「戦争に勝つ神様が大好き」なんだろう？まあ、一般《いっぱん》にはそうなんだろうとは思うけどなあ。

あとは、御利益《ごりやく》を下《くだ》さる神さんだろ？金儲けさせてくれるとかね。

「沈黙」は「長崎《ながさき》の原爆《げんばく》投下を肯定《こうてい》する映画になる」

大川紫央　今回の映画では、日本にも、一つのテーマが投げかけられているのではないかと思います。

映画のなかでも、日本は、創造主などの高等な神様を信じることができない国で、

●パウロ（?～65頃）　初期キリスト教の使徒。厳格な律法主義に立つパリサイ派のユダヤ教徒で、初めはキリスト教を迫害していたが、回心を経験した後《のち》、キリスト教の福音を宣べ伝えた。「イエス・キリストが十字架に架かったのは、人類の罪を贖《あがな》うため」という贖罪《しょくざい》説を立てた。

「大日様《だいにち》」、いわゆる、太陽とか自然のものなら信じられる民族なのだというようなことが、台詞《せりふ》のなかで少しあったと思うのですけれども、そのような考え方で行くと、日本に西洋諸国が原爆《げんばく》を落とすことも肯定《こうてい》されることだと思いますか。

スコセッシ守護霊　うん？　日本が西洋諸国に落とすの？

大川紫央　「日本に、西洋諸国が」です。

スコセッシ守護霊　ああ、日本に原爆を落とす……。もう、ある意味、あの映画を観れば、確かに原爆を落としたくなるだろうなあ。

大川紫央　大川隆法総裁先生も、観終わったあと、そこを少し心配されていました。

スコセッシ守護霊　うん、うん、うん。（映画の舞台《ぶたい》は）長崎《ながさき》だろう？　あれは、「長崎に原爆を落とした」っていうことを肯定する映画になるだろうな、基本的にな。うん。

大川紫央　うーん。

スコセッシ守護霊　そら、そうでしょう。こんな長崎に、原爆を落としたら、それは神の制裁《せいさい》。神はとうとう二千……、二千年じゃないけど、これは四百年か。「四百年の歳月《さいげつ》を経《へ》て、モーセの奴隷《どれい》となっとったイスラエルの民《たみ》を解放したように、四百年間も隠《かく》れキリシタンで苦しんでた島原《しまばら》、長崎の人たちを解放するために、〝悪いやつら〟をみんな原爆で殺したもうた」と、まあ、そういうことだな。うん。

大川紫央　あなたご自身はどうお考えになって……。

スコセッシ守護霊　知らん。分からん。そんなこと分かるか。

大川紫央　そこは特に……。

スコセッシ守護霊　そんなことは分からんけども、原爆を落としたアメリカ人は、すっきりするだろうね。

スコセッシ守護霊にとって「神」とはどういう存在なのか

酒井　あなたが描く神様の姿、あるいは考え方とは、どういうものなのですか。

スコセッシ守護霊　いや、やっぱり、うーん、まあ、「この世で生きたい」っていう気持ちのほうが強い人なんじゃないかなあ。イエスもそうだったし、パードレもみんなそうだし。

酒井　「この世で生きたい」？

大川紫央　でも、イエス様がそういうお気持ちだと、わざわざ十字架に架からないのではないですか。

スコセッシ守護霊　だからねえ、まあ、イエスは〝ちょっと置いとく〟としてもだね、この映画では、そういうポルトガルの司祭《しさい》とか、そんな人たちが来てだなあ、一生懸《いっしょうけん》命《めい》、その勧《すす》めで、隠れキリシタンがいっぱいできて、地下に潜《もぐ》って、共産党員みたいに一生懸命に隠れて信仰しとったのにさ、そいつらは救われずにどんどん殺されていく。なのに、パードレ、司祭は、それを救うこともできないで、自分たちは自分たちの身を救うために、結局、仏教のほうに〝転んで〟、密輸品《みつゆひん》やキリスト教の御禁制《ごきんせい》のものを発見する〝幕府の犬〟になって生き続けるんだろう?

こんなやつらのために命を捨てた人たちはバカみたいじゃん。これについては、やっぱり、歴史的に反省すべきなんじゃないかなあというふうには思ってるよ。

大川紫央　ですが、イエス様も、別にこの世の命を尊んだわけではないですし、仏教の開祖である仏陀も、その教えを読めば、やはり、「この世の苦しみから解脱《げだつ》する」という方向であって、「この世で生きやすくしよう」という教えではまったくありません。また、儒教《じゅきょう》の孔子《こうし》様に至っても、この世での出世や名誉《めいよ》などといったものからは、身を遠く離《はな》しておかれていたと思います。

ですから、「神様は、この世でいかに生きやすくするかということを思われているご存在だ」という考えは、ちょっとおかしいのではないかと思うのですが。

スコセッシ守護霊　だからねえ、もう、神様っていうのは、学校の校長先生みたいで、うっとうしいんだよ。生徒たちが悪いことをするんじゃないかと、いつも見張ってる感じで、自由の束縛にしかすぎないので、もう、「神様の力を弱めたほうがいい」と思うんだよ。

人間の自主性に任せて、自分らの「快・不快の原則」に合わせて、もう、判断したらいいんだよ。それだけのことだよ。

だから、「宗教の言う『洗脳』っていうか、『思い込《こ》み』っていうか、『刷《す》り込《こ》み』っていうか、そういうものは、もうちょっと捨てたほうがいいんじゃないか。本当に、現代のビジネスの論理のほうに合わせたほうがいいんじゃないの？　こっちが進んでるんじゃないの？」と、まあ、そういうことを、ちょっと提言してるわけよ。

武田　では、やはり、「脱宗教」のようなことですか。

スコセッシ守護霊　「脱宗教」とは言わないけど。宗教を信じてもいいけど、それは「原始的な部分」っていうか。まあ、「情操《じょうそう》的な部分」で信じていてもいいけども、この世のそれ以外の判断をするときには、やっぱり、社会でやってるような判断に、ちゃんと従ったらいいんじゃないのっていうことを言ってるわけよ。

「神様がおっしゃったから」っていうのは、ちょっと……。まあ、言ったって、神様は責任を取ってくれやしねえんだから。そんなことを言ったところで。

大川紫央　ただ、今の言葉は、釈尊《しゃくそん》が菩提樹《ぼだいじゅ》の下《もと》で悟《さと》りを開かれたときに、最後の惑《まど》わしで来た悪魔《あくま》が言っていたことと似ているのではないかという……。

スコセッシ守護霊　うん？　いやあ、分からないけど、釈尊は、「死んだら何もかも終わりだ」って言ってるんじゃないの？

大川紫央　言っていません。

スコセッシ守護霊　ええ？　そんなことないの？　あれも、この世だけの生き方じゃないの？　うーん。

それで、「あんまり食べすぎたら、消費が進んで物が足りんようになる人がいるから、あんまり食べすぎないように、中《なか》ほどに食べろよ」と、まあ、そういうことを教えてたんじゃないの？　「中道《ちゅうどう》の教え」っていうのは、そういうことじゃねえの？　腹八分《はらはちぶん》目《め》じゃないけど、まあ、「腹が五分目《ごぶんめ》で生きなさい」って言ったんじゃないの？

6 「キリスト教への不信感」を露《あら》わにする

死後の世界について神が沈黙《ちんもく》しているのは卑怯《ひきょう》?

武田　スコセッシ監督《かんとく》は、亡《な》くなったら、どうなるのでしょうか。

スコセッシ守護霊　そんなこと知るかよ。

武田　「仏陀《ぶっだ》は、『死んだら何もかも終わりだ』と言っていた」と監督がおっしゃったので……。

スコセッシ守護霊　うーん、じゃ、そうなんじゃない? 無くなるのかもしらんねえ、死んだら。

武田　無くなる？

スコセッシ守護霊　死んだら、無くなるのかもしらんねえ。そんなの知らんよ。

酒井　あなたは、「消滅《しょうめつ》したほうがいい」と考えているということですよね。

スコセッシ守護霊　え、何が？

酒井　あの世に行ったら、人はどうなると思います？

スコセッシ守護霊　「あの世に行ったらどうなる」って？　そんなの、神様は沈黙《ちんもく》してるから、そんなの……。「あんた、このままだったら、はい、地獄《じごく》です。はい、天国です」って、ワッペンでも貼《は》ってくれれば親切だよ。黙《だま》っててね、死んでから地獄に堕《お》としたりするような神様って、卑怯《ひきょう》じゃん。
「心って何?」と問いかけるスコセッシ守護霊

酒井　ただ、あなたの言い方からすると、要するに、「人を裏切ってでも、儲《もう》けた人、成功した人のほうがいい」ということになります。

スコセッシ守護霊　そうだよ。ウォールストリートで金を稼《かせ》ぐ人は、みんな、そんな人ばっかりだよ。

酒井　あの世では心だけになるので、あなたの周りは、そういう人ばかりですよ。

スコセッシ守護霊　「心だけになる」って、それ、どういう意味? 説明……。

酒井　「肉体は、無くなる」わけですから。

スコセッシ守護霊　ええ？　「肉体は無くなって」って……。「心」って何よ？

酒井　「心」というのを、あなたは分からないのですか。今、話している、「あなた自身」ですよ。

スコセッシ守護霊　「心」って何よ。「心」って何よ。

酒井　「考える主体《しゅたい》」ですよ。

スコセッシ守護霊　定義してよ。見せてよ。何よ、「心」って。あんたの「心」、どこ？　見せて。どれが「心」？　あんたの「心」はどこにあるの？　教えて。

酒井　ですから、それは、あなた自身ですよ。

スコセッシ守護霊　靴《くつ》の紐《ひも》？　ズボン？　マイク？

酒井　いやいやいや。

スコセッシ守護霊　ええ？　ペンダント？

酒井　あなたですよ。

武田　今、自分の体ではない体に入っている、あなたですよ。

スコセッシ守護霊　知らんよ、そんなの。

武田　でも、今、考えて、話していますよね。

スコセッシ守護霊　知らんよ、そんなの。

武田　考えて、話していますよね。

スコセッシ守護霊　うんうん、まあ、それはそうだ。

武田　それが「心」ですよ。

スコセッシ守護霊は「愛」をどういうふうに考える？

酒井　あなたは、「快感」とか「不快」とか言っていますが、「この世は不快ばかりだ」というのが仏教的教えですけれども……。

スコセッシ守護霊　ああ、そう、あれは正しい教えかもしらんなあ。うん、うん。だから、早く死んだほうが……。

酒井　では、あなたの幸せは、いつ、どこで得られるのですか。

スコセッシ守護霊　だから、「無常《むじょう》」なんだろう？　「この世は無常だから、早く死ね」っていう。これが仏教の教えだろう？

酒井　では、あなたがキリスト教者というのであるならば、「愛」というものを、どのように考えるのですか。

スコセッシ守護霊　「愛」？　「愛」っていうのはねえ、悪い奉行所《ぶぎょうしょ》が来て、隠《かく》れキリシタンたちを一斉《いっせい》に〝狩《か》る〟ようなことになったら、「みんな、棄教《ききょう》して構いません。日本の仏教徒や神道《しんとう》のまねをして生き延びなさい。それで、（奉行所が）いないところで、また神様を信じなさい。心のなかで信じたらいいんですよ」と、こうパードレが言えば、これは「愛」だよ。うん。

だけど、「おまえらは、それを守って死ね」って言うんだったら、こんなのは「愛」じゃないよ。

酒井　ただ、一人ひとりの人間に関して言えば、あなたの言ったように、人を裏切ってでも、卑怯なことをしてでも、自分が成功すればいいわけですよね。

スコセッシ守護霊　そりゃそうでしょう。「人が落ちてくれれば、受験で合格することもある」わけだから。

酒井　あなたの理想の人間というのは、どのような「愛」を持っている人なのですか。

スコセッシ守護霊　うん？

酒井　裏切ってでも成功する人、自分の成功だけを求める人が……。

スコセッシ守護霊　いや、私は、あんたの言うような「愛」はよく分からない。うん。分かんないからさ。

酒井　では、あなたの「愛」は、結局、何なのですか。

スコセッシ守護霊　うん、まあ、そら、恋愛《れんあい》とかは分かるけどな、多少。

酒井　例えば、親との愛、子供との愛といったものについては、あなたはどう考えますか。

スコセッシ守護霊　そんなのも、もう〝壊《こわ》れまくってる〟から、今ね。今の世の中。だから、キリスト教を信じたって、全然、そんな愛は起きないよね。

酒井　あなたには、無制限に人を愛したとか、人に愛されたとか、そういう思い出はありますか。

スコセッシ守護霊　うーん？　そういうふうなのは分からない。まあ、確かに、私の映画を無制限に観《み》てくれたら、無制限に愛されたように思うかもしらんな。

この世は悲劇ばかりだから「神は存在しない」のか

武田　あなたが考える「この世の意味」とは何でしょう。

スコセッシ守護霊　まあ、〝罰《ばち》を当てる世〟に生きてるんかなあ。なんか知らんけど。なんであるんだろうねえ、よく分かんねえよ。ほんと、「悲劇ばっかり」だよ、歴史を見たらねえ。悲劇だらけ。

武田　うーん。

スコセッシ守護霊　現代でも「悲劇だらけ」でしょ？　第一次大戦、第二次大戦も悲劇。第二次大戦で、もうこりごりになったかと思ったら、その後も戦争だらけじゃないの。ベトナム戦争や朝鮮《ちょうせん》戦争や、もう、いっぱい起きるじゃない。悲劇だらけじゃん。

だから、「神様なんか、これ、いない」と見たほうがいいよ、現実は。

武田　人生はどうですか。

スコセッシ守護霊　「人生も悲劇の連続」ですよ、ほとんどねえ。

確かに、医者の一部は救ってくれるし、お金持ちでも、チャリティーをやってくれてる人は、多少、救ってくれてるのかもしれないし、政治家でも、腕《うで》のいい政治家が当たった場合は、多少、救ってくれるかもしれないね。ただ、教会は、自分らの飯《めし》のためにやっとるというふうな感じはするなあ。

「キリスト教は、表で自信を持って言えるようなものではない」

武田　「世の中は悲劇だし、人生も悲劇。また、信仰《しんこう》も、不幸になるのだから捨てたほうがいい」というお話でしたけれども……。

スコセッシ守護霊　あんまり強く持ったら、必ず不幸になるね。だからねえ、もう〝洗脳〟よ。「〝洗脳〟なくして宗教なし」っていう、アッハッハッハッハッハ（笑）。

武田　ただ、キリスト教で言えば、二千年前から、いまだに教えが遺《のこ》って、信者がいるわけです。キリスト教徒は世界に二十二億人いますけれども、それは、なぜでしょうか。人を不幸にするものであるならば、遺るわけがないのではないですか。

スコセッシ守護霊　ああ、いや、奴隷《どれい》にされてるんだよ。「精神的奴隷」なんだよ。

だからねえ、うまく罠《わな》をかけたやつがいて、イエスを立てて、その奴隷にしてしもうたのよ、全部ね。人間に足りないところが多くて、欠陥《けっかん》が多いところを「原罪」と称《しょう》して、「おまえらには原罪があるんだ。悪人だと自覚せよ。救われたいだろう?救世主を信じなさい。そうしたら救われるんだ」と。まあ、こういう、人の弱みに付け込《こ》んで、信仰心をつくったやつがいるんだよ、やっぱり。

武田　いや、私は違《ちが》うと思うのです。本当に奴隷制度であれば、二千年ももたないですよ。必ず、どこかでそれを覆《くつがえ》そうとする、それこそ「革命」が起こるのではないでしょうか。

スコセッシ守護霊　日本でもいっぱい人が死んだけど、アフリカだっていっぱい死んだし、インドだっていっぱい死んでるしねえ。キリスト教伝道をやられて、どれだけ死んでるか分かんないんだからさあ。キリスト教なんか、決して、表で自信を持って言えるようなものじゃないですよ。

武田　いや、私が言いたいのは、二千年たった今でも、世界中に多くの信者がいるということは、それだけの長い間、人々を感化し続け、人々もその教えを求め続け、「キリスト教を信じることが幸福なんだ」とたくさんの人々が思わなければ、遺らないということです。

映画に埋《う》め込《こ》まれた「信仰《しんこう》を軽《かろ》んじる価値観」

スコセッシ守護霊　じゃあ、映画のなかのパードレは、いったい何のために来て、いったい何をしたのよ。大勢を殺しただけじゃない？　結局、死なせただけじゃないですか。何も救われていない。

武田　ですから、やはり、人間、それから人間社会は、すべてが完璧《かんぺき》にパラダイスというわけではないのです。

あなたがおっしゃったように、試練もあれば苦悩《くのう》もあると思います。ただ、映画では歴史の一部分の悲惨《ひさん》な事例を切り取って、はっきり言えば、不幸の「究極の選択《せんたく》」を、この映画を観る人々に迫っていると、私は感じました。どちらを選択しても、残《ざん》酷《こく》で不幸なのです。

スコセッシ守護霊　まあ、少なくともだねえ、「あの世があって、天国・地獄があることや、穴吊《あなづ》りになってねえ、穴のなかに逆《さか》さに吊られて殺されても、信仰《しんこう》を捨てなかったら、必ずパラダイスに還《かえ》れて、それで、〝こりゃこりゃ〟の生活ができる」っていうことを、パードレたち、司祭《しさい》たちは証明できなかったら、嘘《うそ》つきということになるわなあ。

武田　いや、あなたの描《えが》いた映画は、はっきり言って、どちらを取っても拷問《ごうもん》なのです。肉体的拷問と精神的拷問をパードレに迫《せま》っていて、「どちらを選びますか」という映画でもあるんですよ。ですから、そもそもが「拷問の選択」の話なので、それで信仰を判定してしまうのは、どうかと思うんです。

スコセッシ守護霊　だからねえ、パードレが〝転ぶ〟ことによって、信者が死ぬことを防いだわけよ。日本には司祭が誰《だれ》もいない、西洋の司祭が一人もいないことになって、結局、それ以上、余分《よぶん》に死ななくて済むようになったわけだからね。

武田　ただ、この映画のなかに、信者やプロの宗教家が信仰を捨てる、棄教するというシーンを描くことで、「命にも代えがたい重要なものを、捨ててもいいのだ」という価値観を埋《う》め込《こ》んだわけですよね。

スコセッシ守護霊　そんなことないでしょ。「南無阿弥陀仏《なむあみだぶつ》」でいいんでしょう？「南無阿弥陀仏」で、結局、最後やられちゃったから。ね？「南無阿弥陀仏」で棺桶《かんおけ》のなかに入れられて、火あぶりで……、うーん、火葬《かそう》されて、送られたんだからさ。

武田　いえ。本来、この世の生命よりも尊い「信仰」というものに対し、あなたは、

「そんなものではないのだ」と価値判断し、それを、この映画のなかに、埋め込んでいると思うのです。

「信じる自由」を踏《ふ》みにじってはいけない

スコセッシ守護霊　だからね、「基本的人権を侵《おか》すところにまで、やっぱり、宗教は立ち入るべきでない」と思う。

酒井　いや、それは間違いですよ。内心の「信じる」ということを踏《ふ》みにじってはいけないのです。

スコセッシ守護霊　うん？　「信じる」ということを踏みにじっちゃいけない？

酒井　あなたは、心のなかが分からないのでしょう？

スコセッシ守護霊　だから、それは、あの、何て言うの？　情報を与《あた》えることによって、その……。

酒井　「信じる自由」というものがあるのです。

スコセッシ守護霊　いや、情報を与えることによって、洗脳を破ることができるんで。

酒井　「信じる自由」というのは、肉体とは関係がないのです。

スコセッシ守護霊　だからね、今のコンピュータ時代っていうか、インターネット時代っていうのは、そういう情報がいっぱい入ってだね、「聖人《せいじん》なんて世の中にはいないんだ」っていうことを明らかにした世の中……。

7 「信仰《しんこう》を守る者」と「信仰に転ぶ者」をどう見るか

「転ぶ」ことによって、本当に信者は救われるのか

酒井　あなたは「愛」も分からないし、「信じる」ということも分からない？

スコセッシ守護霊　あ、愛は分かるよ。

酒井　「正義」も分からない。

スコセッシ守護霊　愛は分かるよ。〝転ぶ〟ことによって……。

酒井　だから、あなたは、物々交換《ぶつぶつこうかん》とか、人から物をもらったら「愛」……。

スコセッシ守護霊　違う、違う、違う。〝転ぶ〟ことによって信者が救えるんだったら、〝転ぶ〟よ。それはそうだ。
君たちも、そうだろう？
だって、幸福の科学の教えを捨てないとさあ……。まあ、例えば、「信者を百人、公開処刑《しょけい》する」って言ったら、あんた、すぐやめるでしょう？

武田　いや、実際は、〝転ばない〟ことで信者が救われるんですよ。逆なんですよ。

スコセッシ守護霊　そんなことは証明できてないもん。しょうがないじゃん。この世で首を斬《き》られること自体は、これはもう事実だから。評価しがたいけど、みんな嫌《いや》なことだよ。

酒井　大切なのは「信じる」ことなんです。「信じ続ける」ことなんです。「死んでも信じ続ける」ことなんです。

スコセッシ守護霊　それを認めたら、あなたねえ、まあ、「イスラム教を信じて、母《はは》子《こ》が爆弾《ばくだん》を抱《だ》いて、それで、狙撃《そげき》されて死んでいっても、みんな天国に行ける」っていうムハンマドの〝嘘《うそ》〟も一緒《いっしょ》じゃないの。ほとんど一緒じゃん。

酒井　そういうものもあるかもしれないですけれども、いちばん大切なのは信じることなんです。信じ続けることです。

スコセッシ守護霊　いやいや、宗教を信じてもいいけど、まあ、それは基礎《きそ》レベルというか、情緒《じょうちょ》的なレベルで信じて、それから先は、ちゃんとプラグマティックにやらなきゃ駄目《だめ》だって言ってんだ。

酒井　あなたの心は、この世の物とか、肉体とか、利害関係とか、そういうものでコロコロ変わっているんですよ。

あなたは、快・不快以外の、感情以外の、「精神」というものを知っていますか。

スコセッシ守護霊　「損得《そんとく》」っていうのが、もう一つあるんです。採算《さいさん》がね。だから、「採算が取れるかどうか」っていうので、ギリギリ考えて、知恵《ちえ》をめぐらせて、台湾《たいわん》撮影《さつえい》にしたんだ。

「病気を治したら、治してくれた分だけ信仰してもいい」

酒井　あなたのなかに、何か、「エートス」というか、「持続する精神」や「信念」みたいなものはあるんですか。

スコセッシ守護霊　あんた、何を言うとるのか、さっぱり分からんわ。

酒井　分からんでしょうね。

スコセッシ守護霊　（大川紫央に）何を言うとるの？　この人。

大川紫央　要するに、「信仰《しんこう》を持ったら、それに見合った神様からのギフトとか、幸せとかがないといけない。そうでなければ信仰を持つ意味がない」ということですか。

スコセッシ守護霊　病気でも治ったら、その分だけ、治してくれた分だけ信仰してもいいんじゃないの？

例えば、「三年間闘病《とうびょう》したけど、キリスト教を信じたら病気が治りました」っていったら、三年だけは信仰してもいいかもしれないね。

大川紫央　映画のなかというか、歴史のなかでも、キリシタンが処刑されていたのは事実だと思います。

ただ、そういう「信仰を持つ人を弾圧する国」とか、「『信じることが間違《まちが》いである』ということを一方的に押《お》しつける役人」とか、そういったところについて、あなたは、どう思っていらっしゃるんですか。

スコセッシ守護霊　それは、こっちが訊《き》きたいところで。

隠《かく》れキリシタンたちを洗い出して、そして、次々処刑したあの奉行所《ぶぎょうしょ》の役人たちは、日本的には天国へ行ったんかいね。地獄《じごく》へ行ったんかいね。これに答えてもらいたいところで。これは当然、地獄へ行ったんだろうねえ？　天国へ行ったのかな？　日本においては、それは天国に行けるのかね？　地獄へ行くのかね？　どうなったんだね。

大川紫央　やはり、「信仰を踏《ふ》みにじる」というのは、重い罪ではあると思うので、そんなにいい世界に還《かえ》れているとは思いません。

江戸時代に、キリシタン禁圧などを担っていた長崎奉行所の復元（長崎歴史文化博物館）。映画「沈黙」では、この長崎奉行所で宣教師ロドリゴが踏み絵に足をかける。

スコセッシ守護霊　でもさあ、もし、「信仰を守り続けたために殺された」ってことが、「殉教《じゅんきょう》」ということで「いいこと」になり、彼らが聖人《せいじん》に列せられるような高いところに上がったんだったら、首を斬ってやったやつは、信仰を助けてやったことになるから、善行《ぜんこう》を施《ほどこ》したことになるわな？

酒井　あなたは、その「行為《こうい》」しか見ていないけれども、「そのなかに、何があるか」なんですよ。

その人のなかに「疑い」があって、「こんな信仰を持っているやつらは意味がない」といって首を斬っているんだったら、神も信じない、あの世も信じないということ……。

スコセッシ守護霊　いや、映画では、そういう「疑い」で言ってるわけじゃなくて。要するに、「植民地政策と一緒になってやってきてる」っていう、あくどい裏のところまで、日本の政治当局は見抜《みぬ》いていて、キリスト教を禁止している。だけど、信者はバカだから、そこまで分かんないので。「とにかく、これを信じれば幸福になれる」とか、「西方浄土《さいほうじょうど》、極楽《ごくらく》浄土に往生《おうじょう》できる」ぐらいの洗脳でやられているからさ。
だから、そういう、もっと大きな視野……、まあ、私は、そんな、日本の当局者をバカみたいに描《えが》いてませんよ。賢《かし》くやったんだなあと思うよ。今のトランプみたいに、「麻薬《まやく》を持ってくるやつは、全部、取り締《し》まる」という感じで言ってんだと思うよ。だから、役人は別にバカじゃないとは思いますけどね。

酒井　ただ、「そこに、どういう気持ちがあるか」ということは、個人としては、とても大切です。

「今、判断できる材料で判断したほうがいいと言っているだけ」

酒井　あなたは、信仰を、「単なるビジネス」とか、「利益を与《あた》えてくれたら信じる」とか言っていますが、それは、「犬が餌《えさ》を与えてもらったら懐《なつ》く」というようなものですよね。

だけど、それは本当に感情レベルですよ。

スコセッシ守護霊　じゃあ、逆の立場から言うよ。例えば、幸福の科学の神様が、まあ、いるんかどうか知らんけど、いるとしてさ。その神様は、全国の主要都市で信者が一万人公開処刑されるとなったら、「信仰を守って死んでくれ」と言う神様なのか。「いや、それだったら信仰を捨てろ。隠せ」と言う神様なのか。それを私は訊きたい。

それを訊いてから、みんな、信仰するかどうか決めたほうがいいよ。

酒井　方便《ほうべん》で、「そんなことなら、隠しなさい」とおっしゃるかもしれないですけれども、「信仰」というのは、そういうものではないんですよ。「信仰者」というのは、それでも信じるんですよ。

大川紫央　大川隆法総裁もおっしゃっていましたけれども、「信仰」というのは、内心、つまり、心のなかで確実に持つものなので、例えば、踏み絵とか、そういう形式上のもので信仰を捨てることになるわけではない、というところはあると思います。

スコセッシ守護霊　うーん。でも、「唾《つば》を吐《は》きかけろ」とか言ったらさ……。だって、実際、異国の地なんだからさ。キリストなんか会ったこともないし、分かんないんだからさあ。

大川紫央　万一《まんいつ》、神様が「唾をかけてもいい」と言われても、やはり、私たち信仰者としては、「かけられるものではない」というのは分かります。

スコセッシ守護霊　じゃあ、あなたがた、仏壇《ぶつだん》……、いや、仏壇じゃない。仏像か何かあるんだろうけどさあ、その仏像に唾を吐きかけたりさ、おしっこかけたりしたらさあ、みんなで怒《おこ》るだろうよ。まあ、殺しはしないかもしれないけど。

酒井　それは、信仰を踏みにじることだからですよ。

スコセッシ守護霊　そういうことでしょう？　だから、しちゃいけないんでしょう？　信者なら。

大川紫央　キリスト教のなかでは、数百年たった後《のち》に聖人として祀《まつ》られている人がいます。例えば、ジャンヌ・ダルクやヤン・フスなどがいらっしゃいますが、そういう人は、信仰を取ったがゆえに火あぶりになりました。しかし、数百年後の現代に生きている人々は、その方を聖人として崇《あが》めています。それは、なぜだと思いますか。

スコセッシ守護霊　それは、価値判断できるまで数百年かかるわけよ、数百年ね。だから、四百年たって、長崎《ながさき》でいっぱい死んだ漁師《りょうし》たちが……。まあ、イエスの弟子《でし》も漁師ばっかりだったからさあ。ペテロから始まりねえ、みんな漁師だらけだったから。「あんな漁師が十二弟子になったのと同じだ」っていうんだったら、それは、

●ジャンヌ・ダルク（1412～1431）　英仏の「百年戦争」（1339～1453）の際、神の啓示を受け、フランスを勝利に導いた女性。「オルレアンの少女」と称される。17歳のとき、包囲されて陥落寸前のオルレアンを救い、英軍を撃退したが、後《のち》にイギリス側に捕えられ、裁判で異端の判決を受け、火刑に処せられた。

みんな聖人に列せられてる。

まあ、実際、長崎あたりで聖人になってる人もたくさんいるんじゃないの？ 殺された人のなかではな、たぶんな。まあ、それで幸福なら結構なこっちゃけどね。

私は、そんな四百年後なんて分からないから。「今、判断できる材料で判断したほうがいい」って言ってるだけで。合理的にね。

酒井　要するに、あなたは、「信じる」とか「愛」とか、そういうなかに幸福を感じたことがないので分からないんですよね。それは、あなたの幸福感とは違いますからね。

スコセッシ守護霊　君の言葉は、ちょっと通じないんだ。私には分からない、言ってることが。

「長期化して予算を食ったのに、評価されない」と嘆《なげ》く

大川紫央　あなたは、宗教に裏切られたような経験というか、ご自身のなかで挫折《ざせつ》を

●ヤン・フス（1370ころ～1415）　中世ヨーロッパの宗教思想家、宗教改革者。ボヘミア地方出身。ベツレヘム礼拝堂の主任司祭 兼 説教師に任命され、プラハ大学の学長ともなる。聖書のチェコ語訳を行うなど、民衆の教育にも力を注《そそ》いだが、ローマ教会の堕落を批判し、改革に着手した結果、異端とされ、火刑に処せられた。

味わったことがあるのでしょうか。

スコセッシ守護霊　はあー（ため息）。それは、いっぱいありますよ。「沈黙―サイレンス―」をつくったら、ずいぶん長期化してねえ。予算を食った映画なんだからさあ。「アカデミー賞の作品賞、監督賞をパシッとよこせ」と思うのに、下《くだ》さらない。〝神が沈黙《ちんもく》〟したもうて、撮影賞ぐらいしかくれない。

台湾で撮影して長崎に見せたテクニックがよかったか、波の撮《と》り方がよかったのか、あるいは、昔の藁葺《わらぶ》きの漁師小屋がよかったんか知らんが、まあ、あまりボロい小屋をつくったために、人一人《ひとり》死んでるんだからさあ。

だから、〝殺人賞〟も、もらわないかんぐらいだ、ほんとに。古い昔の立て付けの悪いのを、わざわざつくったために、人一人、事故で死んでんだからさあ。

まあ、そのへんは、ちょっと分かってもらいたいところだなあ。

武田　でも、やはり、キリスト教が事実上の国教であるアメリカの国民や、アカデミー賞の評価をする人たちとしては、スコセッシ監督の信仰観や信仰の表現の仕方に、ストレートに喜べないものがあったのではないでしょうか。

スコセッシ守護霊　知らんけどさ。

武田　「棄教《ききょう》」というものを暗に肯定《こうてい》するような、「棄教の先にある幸福」みたいなものを描いているので、やはり、心ある信仰者には受け入れがたいものがありますよね。

スコセッシ守護霊　よく分からんけど、でも、日本のクリスチャンや聖職者たちがこの映画を観《み》たら、「なるほどな。これで、日本では伝道しても駄目《だめ》なんだなあ」っていうことが、みんなよく分かって、納得《なっとく》するんじゃないの？　「ああ、この国は、やっぱり、こういう国なんだ」と思って。

武田　そうしますと、あなたには、日本に対する思い入れというか、意見があって、この映画もつくられているわけですね？

スコセッシ守護霊　だから、「日本政府の政策により、キリスト教は広がらなかったんだ」ということはよく分かるから。たぶん、今、ドナルド・トランプさんが、「日本政府の政策により、アメリカ車が日本で売れんのだ」と言ってるのと同じような感じに取るんじゃないの？

日本は、「道路が狭《せま》いから、アメリカ車なんか走れるか」って言ってんだろうけどさ。トランプさんは、そんなのは知らんからさ。「道路を広げたらいいじゃないか」って思うんだろうから、きっとな。

「問題を突《つ》きつけるのが仕事で、答えを出すのは仕事じゃない」

大川紫央　あなたは、「キリスト教を広めたい」んですか。それとも、「キリスト教は要《い》らない」と思っているんですか。

スコセッシ守護霊　別に、私の仕事じゃないから。それは、どちらでもいいんですけどね。でも、人間の人生においては大きな影響《えいきょう》があるものだから、やっぱり、多角的なところから描かなきゃいけないとは思っておりますけどねえ。

武田　ただ、先ほどご自身がおっしゃっていたように、この映画には「信仰は捨てたほうがいい」というメッセージが入っているわけですよね?

スコセッシ守護霊　いや、そんなことは……。まあ、いちおう、問題作としての提起だから。

要するに、棄教したっていうか、転んだパードレたちを正しいと思うか思わないか。不愉快《ふゆかい》に思うか。「当然、そうするだろう」と思うか。それは、信者や聖職者にも突《つ》きつけられてる問題で、一人ひとりに、その〝問題を突きつける〟のが仕事なんで。私たちは「答え」だけを出すのが仕事じゃないから。「答え」を出すなら、宣教者にならなきゃいけないので、自分のほうが。

武田　ただ、世界で、監督の映画が観られるわけですよね？　観た人に与える影響というのがありますから、その責任は、きっと監督に来るのではないでしょうか。

スコセッシ守護霊　まあ、来るかもしらんけど、（世間《せけん》の）評価は、「五段階の四」だから、「十段階の八」、「百点満点の八十点」っていうところで……。

武田　そういう〝星〟の話ではなくて、価値判断ですよ。「宗教は、いいのか悪いのか」、「信仰は、いいのか悪いのか」。このあたりに関して、監督は、踏み込《こ》んで、それをネガティブに描いているのは間違いないので。

スコセッシ守護霊　宗教を信仰してる人が、「二、三割しかいない」とか、「一、二割しかいない」とかっていう日本で、「五段階の四」の評価をもらえるってことは、「日本人の多数は支持する」ということなんだろう。

つまり、「宗教を信じたら損するということに同意する人が多い」ってことだ。

酒井　それが監督の考えですよね?

スコセッシ守護霊　そうなんじゃないの。

映画「最後の誘惑《ゆうわく》」に込《こ》めたメッセージとは

酒井　スコセッシ監督は、映画「最後の誘惑《ゆうわく》」で、イエス様を描いていましたよね。

スコセッシ守護霊　うん、うん、うん。

酒井　あれは、結局、どういうメッセージだったんですか。

スコセッシ守護霊　「イエスも、やっぱり、十字架《じゅうじか》に架けられたら痛いし、死ぬのは嫌だったんじゃないの?」と。「若く、三十三で死ぬのはつらくて、長生きして家庭を営《いとな》みたかったんじゃないの?」と。「それはみんなと一緒だよ」と。「それを、あとの人が神格化して、いろいろと、宗教を精緻《せいち》につくり上げたんじゃないの?」と。まあ、そういうところだわな。

酒井　では、イエス様は、普通《ふつう》の人間であり、「十字架に架かって死ぬのは嫌だ」と……。

スコセッシ守護霊　いや、通常の人間じゃなくて、それは、「選ばれし者」なんだろうとは思うけど。だけど、「神格化」したのは、後世の弟子たちの仕事だろうとは思ってるよ。

酒井　なぜ、イエス様は、世界中で、あれだけ愛されていると思いますか。

スコセッシ守護霊　愛されてるかどうか分かんないよ。憎《にく》まれてるかもしれないから。イスラム教徒に言わしたら、悪魔《あくま》に見えてんじゃないの？

酒井　違います。キリスト教信者の間で、です。

スコセッシ守護霊　信者の間で？　それは、それぞれの宗教はあれだよ、みんな、もともとは民族神だから、「自分を信じる人たちを、民族として守る」っていうのがあれなんだろうけど。まあ、守ってるとは言えないけどね。ユダヤを滅《ほろ》ぼしたからね、イエスは。

8　スコセッシ守護霊の霊界《れいかい》での様子を訊《き》く

自分を「バックシート・ドライバー」と認識しているスコセッシ守護霊

酒井　あなたは、誰《だれ》ですか？

スコセッシ守護霊　「誰ですか」って、何を言ってるの。

酒井　あなたは、いつの時代の人ですか。

スコセッシ守護霊　うーん。それは〝サイレンス〟よ。もう、サイレンス、サイレンス。

酒井　はい？　サイレンス？

スコセッシ守護霊　うん。サイレンス、サイレンス。

酒井　何か知っているんですか。

スコセッシ守護霊　えっ？　何が？

酒井　「生まれ変わり」というか、「あなたは霊《れい》である」というのは分かっていますよね？

スコセッシ守護霊　（約二秒間の沈黙《ちんもく》）霊？　霊って何。

酒井　「この世の地上に生きている人間ではない」ということです。

武田　最初、「守護霊ですか？」という質問に答えていましたからね。

スコセッシ守護霊　うーん……。うーん……。

武田　ここは日本です。ニューヨークではありません。

酒井　あなたは、日本語をしゃべっていますし。

スコセッシ守護霊　（約二秒間の沈黙）まあ、何だか、「スコセッシ」と言われると、自分のような感じがすることは、そうだ。

酒井　そのような感じはするけれども……。

スコセッシ守護霊　うん、うん。

大川紫央　あなた自身は違《ちが》うお名前なんですか。

スコセッシ守護霊　いや、知らん。なんか、「スコセッシ」と言われると、そのような気はする。

大川紫央　では、今、自分は、何であると認識されているんですか。

スコセッシ守護霊　うーん、まあ、〝バックシート・ドライバー〟だな。うん。

酒井　では、「(スコセッシ監督《かんとく》)本人とは違う」ということは認識しているわけですね？　バックシート、つまり、後ろの席に座《すわ》っているんですから。

スコセッシ守護霊　だから、スコセッシが〝運転〟してんだろう？　なんか、その後ろから、いろいろ言うてる感じはしてるけどね。

酒井　そういう感じはしていると。本人とは、ちょっと違うんですよね？

スコセッシ守護霊　うーん……。

「〝同じ車〟にいて、映画をつくるときは一緒《いっしょ》にやっている」

酒井　あなたは、普段《ふだん》、どういう姿をしているんですか。スーツなどを着ていますか。

スコセッシ守護霊　（約三秒間の沈黙）全然、言ってることの意味が分からない。

武田　ご自身の体を見てください。どんな服を着ていますか。

スコセッシ守護霊　（約二秒間の沈黙）全然、言ってることが分かんない。意味が不明。

武田　日本人ですか。アメリカ人ですか。

スコセッシ守護霊　え？　知らん。分からない。

酒井　名前は何と呼ばれていましたか。

スコセッシ守護霊　えっ？　分からない。

だから、「スコセッシ」と言われると、なんか来なきゃいけない感じがするだけで。

うーん、分かんない。

大川紫央　でも、ドライバーはスコセッシさんなんですよね？　「運転をしているのは、スコセッシ」と今、おっしゃっていました。

スコセッシ守護霊　うん。普段は、そうしてるような気がする。

大川紫央　でも、あなたは、（スコセッシ監督）そのものではないんですよね？　バックシートにいるんですよね？

スコセッシ守護霊　うーん。〝同じ車〟にいるような気もするんだけどね。うーん……。よく分からない。

まあ、映画をつくるときには一緒《いっしょ》にやってる感じはするから。でも、「友達」っていうわけじゃない。うん。友達じゃないと思うんだな。友達じゃない。

「自分が何かは知らないが、スコセッシと共にある者」

武田　ちなみに、「沈黙」の映画をつくるときに、前で〝運転〟しているスコセッシ監督に対して、どんなインスピレーションを送っていたんですか。

スコセッシ守護霊　うーん（約二秒間の沈黙）。

「日本人も、ハリウッド映画に出れて、うれしいだろうなあ」と思って。「『アメイジング・スパイダーマン』（二〇一二年公開のアメリカ映画）の主役で出た人も、日本へ宣教しに来たら、こんな惨《みじ》めな宣教しかできないっていうほど、日本は難しい国なんだ」っていうことで（注。映画「アメイジング・スパイダーマン」でスパイダーマン役を演じたアンドリュー・ガーフィールドが、映画「沈黙―サイレンス―」のなかでは、セバスチャン・ロドリゴという神父《しんぷ》の役を演じている）。それを描《えが》けたっていうことは、成功なんじゃないの。

武田　その程度であって、中身に関しては、ないんですか。

映画「アメイジング・スパイダーマン」（2012年／コロンビア映画、SPE）

スコセッシ守護霊　「空でも飛んでみろ」っていうんだよなあ、ほんとはなあ。

武田　映画の中身に関しては、なかったんでしょうか、アドバイスは。

スコセッシ守護霊　遠藤《えんどう》の原作があるからさ。中身については、そんな大きくはいじれないでしょう？

武田　では、あなたや〝運転手〟であるスコセッシ監督に、同じように、アドバイスしている存在はいましたか。

スコセッシ守護霊　うん？　えっ？

武田　二人っきりですか。誰かほかにいませんでしたか、アドバイスをくれる存在は。

スコセッシ守護霊　うーん。そんなんがあるかもしれないけど、よくは分からない。

武田　どんな内容でした？

スコセッシ守護霊　分からない。よくは分からない。

武田　では、二人でつくっている？

スコセッシ守護霊　分からない。よくは分からない。言ってることの意味がよく分からないので。

大川紫央　普段、あなたは、誰かとお話をされたりするんですか。

スコセッシ守護霊　うん？　いろんな人がやって来てるから、それは話してるよ。

酒井　例えば？

スコセッシ守護霊　映画をつくってるから、大勢の人と話はしてるね、当然ね。

大川紫央　日本語、お上手《じょうず》ですよね。

スコセッシ守護霊　なんでか知らんが、しゃべれるな。

酒井　長崎《ながさき》に何か思い出がありますか。郷愁《きょうしゅう》を感じたりします？

スコセッシ守護霊　いやあ、台湾《たいわん》で撮《と》ったから、それはあれだけど。

酒井　台湾だから関係ない？

スコセッシ守護霊　あんたら、なんか、インドの転生輪廻《てんしょうりんね》みたいなのをやりたくてしょうがないんだろうけど、そうはいかないよ。乗らないよ、そんなものには。そんな原始宗教のなかに引っ張り込《こ》むなよ、人を。

大川紫央　では、あなたは何なんですか。

スコセッシ守護霊　知らないけど、「スコセッシと共にある者」だよ。

イエスの言葉を引くものの、「死の自覚」がないスコセッシ守護霊

大川紫央　「共にある者」というだけで、特に、ほかの記憶《きおく》はないんですか。

スコセッシ守護霊　まあ、イエスに言わせりゃ、「主《しゅ》はわれと共にあり」っていう話もあるように、「われのなかにて主は語る」みたいな感じで、私はしゃべってるんだ

から。そういう関係だからさ。私は何なのか分からない。私は、主なのかも、神なのかも、よく分からん。

大川紫央　イエス様とお会いしたことはあるんですか。

スコセッシ守護霊　うん？　何？

大川紫央　イエス様です。イエス・キリストを視《み》たことはありますか。

スコセッシ守護霊　教会によくいるよな。教会にはよくいる。

大川紫央　教会に行くと、霊的に視えるんですか。

スコセッシ守護霊　必ずいるじゃん。

大川紫央　それは銅像とかではないですか。

スコセッシ守護霊　そう。銅像。

大川紫央　（苦笑）銅像以外では？

スコセッシ守護霊　知らんよ、そんなの。もう死んだ人だから、昔。

酒井　えっ？　あなたは死んでいないのですか。

スコセッシ守護霊　何？　何言ってるか、さっぱり分からん。何を言いたいの、あなた。ちょっと、病院に行ったほうが……。早く予約を入れなさい。

酒井　（苦笑）そうですか。

スコセッシ守護霊　日本にだって、携帯電話《けいたいでんわ》はあるんじゃないの？　だから、病院に早く予約を入れて。まだ間に合うかもしれないから。

酒井　なるほど。あなたは、最近、食事をされたことはありますか。

スコセッシ守護霊　食事は、いつもしてるよ。

酒井　どうやって？

スコセッシ守護霊　まあ、やっぱり、映画をやってるときに、お腹空《す》くからさあ。それは、しっかり食べないとねえ。こういう長丁場《ながちょうば》はもたないよ。うーん。しっかり食べなきゃ駄目《だめ》だ。

スコセッシ監督《かんとく》から離《はな》れるときは、何をしているのか分からない

武田　バックシートから出て、運転手の監督《かんとく》を残して、どこか、ほかのところに行ったりしませんか。

スコセッシ守護霊　うん？

武田　ずっと一緒ですか。

スコセッシ守護霊　うーん？　何となく、言っていることがよく分からない。

武田　例えば、監督が寝《ね》ていますよね？　そういうとき、あなたはどこにいるんですか。

スコセッシ守護霊　うん？　監督が寝ているときに？

武田　はい。監督から離《はな》れるときもありますよね？　どこかに行っているんじゃないんですか。

スコセッシ守護霊　（約二秒間の沈黙）分からない。何言ってるか、さっぱり分からない。

酒井　映画の製作以外のときには、どこにいるんですか、あなたは。

スコセッシ守護霊　うん？　何言ってるか、さっぱり分からない。

酒井　いや、先ほど、そう言っていたじゃないですか。映画の製作のときは、一緒にいるけど、それ以外のときは、違うようなニュアンスで言ってましたよ。〝車〟に乗っていないですよねえ？　映画の製作以外のときは。

スコセッシ守護霊　そりゃあ、ベッドのなかに入ってるんじゃないの？

酒井　ベッド？　どういうベッドですか。

スコセッシ守護霊　いや、だから、寝るときでしょう？　寝るときは、そりゃあそうだし。ああ、そりゃあねえ、まあ、スコセッシだって、女の何人かぐらい、いないわけじゃないからさ。

酒井　あなたは、スコセッシさんと、いつも一緒に寝ているわけじゃないですよね？

スコセッシ守護霊　うーん……、言ってることがよく分からない。（酒井を指して）あんた、頭おかしいんと違うか？

酒井　（苦笑）

スコセッシ守護霊　ちょっと、病院に一回行ったら？　診《み》てもらえ。診てもらえよ。

酒井　いや、だけど、〝車〟に一緒に乗っているんだったら、寝るときも一緒に寝ているということですか。

スコセッシ守護霊　うーん……、まあ、寝るときは、こっちも寝てるから分からないよ。

酒井　分からない？

スコセッシ守護霊　うーん。（酒井を指して）ちょっと、病院に行ったほうがいいよ。うん、危ない。

酒井　あなたも、どこかの病院に、おそらく、入れられている可能性がありますよ。何か、看護師とか、お医者さんとか来ませんか。

スコセッシ守護霊　（酒井を指して）いや、これ、病院に行ったほうがいいよ。早く行って……。日本も医療《いりょう》は発達してきてるんじゃない？　最近は。

あの世で「遠藤周作《えんどうしゅうさく》」と会ったことがある？

酒井　では、ちなみに、遠藤周作《えんどうしゅうさく》さんと会われますか。

スコセッシ守護霊　ああ！　そういえば、映画をつくるに当たっては、何か……。そういえば、それらしい、狐《きつね》、狸《たぬき》みたいなのが、ちょっと出たような気はしないでも……。

酒井　いつごろ？

スコセッシ守護霊　知らん。

酒井　去年（二〇一六年）？

スコセッシ守護霊　知らんけど、何か……。何か、それらしきものがチラッといたような、いないような感じがちょっとある。

大川紫央　でも、（遠藤周作さんは）もうお亡《な》くなりになっています。

スコセッシ守護霊　ああ、うん、うん、そう？　ふーん、知らん。それは知らないからさ。

酒井　〝死人に会える術《じゅつ》〟を持っているんですね、あなたは。

スコセッシ守護霊　えっ？　いや、知らないよ。「死んでるか、死んでないか」なんか知ったことじゃないよ。

酒井　いや、いや、だけど、死んでいるんです。

スコセッシ守護霊　えっ？　そうなの？　そんなの知らないわ。そんなら、戸籍《こせき》を調べたらいいよ。

酒井　何を話しました？　そのとき。遠藤周作さんと。

スコセッシ守護霊　だから、「映画をつくる」っていう話でしょ。そりゃあ、そういうことを言ってて……。

酒井　彼は、何かおっしゃっていましたか。

スコセッシ守護霊　うーん、だから、「ありがとう」って言ってたんじゃないの？

酒井　それだけ？

スコセッシ守護霊　うん、感謝してたんじゃないの？

酒井　それだけ？

スコセッシ守護霊　うん。うん。

武田　何か、「注意点」等はなかったんですか、映画をつくるに当たって。

スコセッシ守護霊　いやあ、そんなこと言える立場にないでしょ。「ハリウッド映画でつくってもらう」っていうなら、「ありがとう」しかないでしょ。

武田　アドバイスはなし？

スコセッシ守護霊　何のアドバイスができるわけよ、そんなの。日本の小説なんか、「ハリウッドで映画にしてもらう」っていうのは、もうどれほど難しいことか。大リーグに移籍してだねえ、首位打者を取るぐらいの難しさよ。

自分が撮影《さつえい》されていることに怒《おこ》り出すスコセッシ守護霊

酒井　あなた、誰か憎《にく》い人とかいます？

スコセッシ守護霊　憎い人？

酒井　ええ。何か、こういう人が嫌《いや》だとか。

スコセッシ守護霊　まあ、あんたなんか、嫌《きら》いな感じがするな。

酒井　ああ、私のことですね。はい、はい、はい。

スコセッシ守護霊　うん。あんたは憎い人だよ。まあ、憎くはないけど、見たくない顔だな。

酒井　見たくない？

スコセッシ守護霊　できたら、消してほしい。

酒井　消してほしい？　そういうようなタイプは、ほかにいますか。

スコセッシ守護霊　うん？

酒井　具体的にどういう人が嫌か。

スコセッシ守護霊　うーん……。（カメラマンを指して）何だ、あそこ、カメラで二人で何か撮《と》ってる。あれ、嫌な感じするなあ。

酒井　（苦笑）

スコセッシ守護霊　監督を撮るなよ、監督を。何してるんだ！　監督を撮っちゃ駄目だろうが。役者を撮れよ、役者を！

酒井　いや、監督も撮られるじゃないですか。

スコセッシ守護霊　（質問者三人を指しながら）君らは役者だろう？　こっちを撮らなきゃ……。

酒井　メイキングビデオでは、監督もよく出ていますよ。

スコセッシ守護霊　ええ？　そんな、監督を撮ってどうするの、監督を。バカ！　一円にもならないよ、そんなものは。バカか、本当に。撮影賞《さつえいしょう》、取れないぞ。ね？　監督を撮って、あんなの、おかしいんじゃないか。

（大川紫央を指して）こっち、何？　日本のローカルな女優さんは、こっち、ここにもいる。

武田　今、「霊言《れいげん》」を録《と》っているんですよ。

神は「沈黙《ちんもく》」を守り、宗教に答えてはいけない？

スコセッシ守護霊　知らんよ、そんなことは。

武田　だから、すごく重要なんですけど。

スコセッシ守護霊　知らないよ、そんなことは知ったことか。

武田　いや、説明させていただくと、あなたは、今、霊として日本に来て、日本人の大川隆法総裁の体のなかに入って、日本語を話しています。

スコセッシ守護霊　そうなの？　ふーん、そう？

武田　これは「霊言」なんですよ。

スコセッシ守護霊　何？　知らんよ、私は。

武田　これは奇跡《きせき》です。奇跡。

スコセッシ守護霊　私はサイレンス（沈黙《ちんもく》）を守っていたのに、それを、何か、「ああ、〝神〟はたまにしゃべらないといかんのかなあ」と思って。

武田　そうですよね？　今まで話しても、聞いてくれる人はいなかったですよね？　今、こうやって、会話ができていますよ、生きている人間と。しかも、日本人と日本語で。こんなこと、ありましたか。

スコセッシ守護霊　ちょっと、遠藤の小説と、何か感じが違うなあ。何か、これ。

武田　違いますよねえ。

スコセッシ守護霊　遠藤の小説は、こんなのであってはいけないんだが。宗教に（おいては）、神はねえ、答えてはいけないんだ。

前回の霊言《れいげん》は「幻覚《げんかく》」、質問者は「隠《かく》れキリシタン」？

酒井　つい最近、あなたは、こちらに来て、しゃべったことがありますよね？（付録「収録の二日前に現れたスコセッシ監督守護霊の霊言」参照）

スコセッシ守護霊　うん？

酒井　数日前。

スコセッシ守護霊　うーん。そうか、あれ？

酒井　何かヒアリングされていませんでしたか。

スコセッシ守護霊　うーん……。そうだなあ、何か、何か……。

酒井　そのとき、あなたは、「信仰《しんこう》は盲信《もうしん》だ」とか、「狂信《きょうしん》だ」とか、おっしゃっていましたよね？　「人生は一回きりなんだから」とか。

スコセッシ守護霊　うん。まあ、うーん……。

酒井　あれは何だったんでしょう。

スコセッシ守護霊　うーん……、（大川紫央を指して）なんか、この人が訊《き》いてたような気が……。

酒井　お会いしたことがあるんですよね？

スコセッシ守護霊　えっ？　そうなの？　うん？

武田　今日、二回目ですよね？

スコセッシ守護霊　えっ？　そうなの？　まあ、そうかもしれない。うーん。

酒井　あれは何だったんですか。あなたは歩いてきたんですか。なんで、あなたは日本にいるんですか。

スコセッシ守護霊　（酒井を指して）もう、あなたと話してると、頭が発狂《はっきょう》しそうになるからさあ。ちょっと、（病院に）行って、脳を一回、スキャンしたほうがいいよ。

酒井　（苦笑）いや、発狂する前に説明してください。

スコセッシ守護霊　あのね、だから、脳梗塞《のうこうそく》を起こしてるんだよ。間違いなく。それと、幻覚《げんかく》。

武田　いや、私も見えていますよ。

スコセッシ守護霊　その他、幻聴《げんちょう》。

武田　いや、みんな見ています。一人じゃないです。

スコセッシ守護霊　だから、幻覚、幻聴ね。
君たちは、もしかして、長崎の漁民？　隠《かく》れキリシタンたちが集まって……。

酒井　そうだとすると、あなたは日本語をしゃべっているわけですよ。

スコセッシ守護霊　知らんよ、そんなこと。

酒井　あなたは、なんでしゃべってるんですか。

スコセッシ守護霊　分からないよ、そんなことは。

酒井　おかしいじゃないですか。日本語を勉強したことはあるんですか。

スコセッシ守護霊　知らん。

酒井　知らないでしょう?

スコセッシ守護霊　分からない。何にも分からない。

酒井　あなた、頭、おかしいんじゃないですか（会場笑）。

スコセッシ守護霊　なあに、「頭がいい」と言うべきだろうが。

酒井　なんで日本語をしゃべっているのか分からないけど、しゃべっている。

スコセッシ守護霊　知らないよ。知らない。知らないのにしゃべれるんだったら、そらあ、賢《かしこ》いじゃないか。何言ってるんだ。

酒井　いや、それを知らないということは、認知症《にんちしょう》に近いですよ。

スコセッシ守護霊　何言ってるんだ。（酒井を指して）そちらが認知症だろうが。

9　日本人は残虐《ざんぎゃく》な民族なのか

映画「沈黙《ちんもく》」で日本人の残虐さを描《えが》いてみせた

大川紫央　すみません。

スコセッシ守護霊　うん？

大川紫央　全然、話が変わるんですが、監督《かんとく》は、『雨月《うげつ》物語』とかがすごく好きと聞いたんですけれども。

スコセッシ守護霊　そんなの、ちょっと、まあ、読む……。

●『雨月物語』　上田秋成《うえだあきなり》によって著《あらわ》された江戸時代の読本《よみほん》。日本や中国の古典を改作した怪奇小説9篇。スコセッシ氏は、14歳のときに溝口健二《みぞぐちけんじ》監督の映画「雨月物語」を観て、日本文化から大きな影響を受けたと語っている。

大川紫央　そういうのは、そんなに好きではない？

スコセッシ守護霊　よく分からないな。よく分からない。よくは分からない。何か、いろいろあるんだろうけど、よく分からん。

大川紫央　●黒澤明《くろさわあきら》監督の映画とかは……。

スコセッシ守護霊　ああ、その名前は知ってるよ。それは知ってるわ。

大川紫央　その映画には、どんな印象をお持ちなんですか。

スコセッシ守護霊　黒澤は……、チャンバラは黒澤だよね。だから、そりゃあ、西部劇にも影響《えいきょう》したわな。日本人としては珍《めずら》しいんじゃないか。まあ、いろんなものに影響して、アメリカのヒーローものにも影響してるからな。そ

●黒澤明（1910～1998）　昭和後期の日本の映画監督。1943年に「姿三四郎」で監督デビュー。1951年「羅生門《らしょうもん》」がヴェネチア国際映画祭で金獅子《きんじし》賞を受賞。また、「七人の侍」は、設定を西部開拓時代のメキシコにした「荒野の七人」（1960年）「マグニフィセント・セブン」（2017年）としてハリウッドでリメイクされた。

れは、よかったんじゃないかなあ。ただ、フィクションだからね。全部ね。フィクションの世界だからさ。

（映画「沈黙―サイレンス―」のチラシを指して）これ、私のはフィクションじゃなくてね、リアリティだわな。「現代の人たち、歴史上の現実だからさ。現実に、歴史上に起きたことを「再現」してみせて、四百年後の人たちが見て、これをどう思いますか」って、問題提起してるわけだから。

「それでいいと思いますか？　これは宣教師の側につきますか？　幕府の役人側につきますか？　長崎《ながさき》の奉行所《ぶぎょうしょ》のほうにつきますか？　それとも、殺される信者の気持ちと一体になりますか？　どうなりますか」と。

まあ、それを問うてるわけで。日本人に、今、これ、全国〝世論《せろん》調査〟してるところだ。ね？

酒井　その答えは、あなたのなかにはないんですよね？

スコセッシ守護霊　それは映画を観《み》る人が評価することだからね。

酒井　いや、あなた自身はつくる側ですけれども、本音のところで、「どちらがいい」とか、そういうものはないんですか。

スコセッシ守護霊　本音は、それは、採算が取れて、評判がよかったら、それでいいよ。

酒井　「採算が取れればいい」と。

スコセッシ守護霊　うん、それはそう。

酒井　では、「善」とか「悪」とかは、別に関係ないわけですよね？　その映画のなかにおいても。

スコセッシ守護霊　だから、キリスト教について、東洋の島国の、もう果てみたいなところの物語を、これだけ世界的に広められた。歴史的事実だからね。それと、「日本人の残忍《ざんにん》さ」ね。これをちゃんと教えられたっていうことは、すごいことで。

（手元の資料を取り出して、そこに載《の》っている映画「沈黙―サイレンス―」の一シーンを示しながら）ねえ？　ほらあ、こういうところ、写真に写《うつ》ってるよ。

「アメイジング・スパイダーマン」（二〇一二年公開のアメリカ映画）の、あんなかっこいい、空を飛んでた〝スーパーマン〟みたいなの、これが捕《つか》まってねえ。もう、やられ放題だな。「日本人の手にかかったら、何の奇跡《きせき》も起きない」っていうことは、よく分かるよ。

大川紫央　やはり、「日本人は残虐《ざんぎゃく》である」と思っていらっしゃるんですか。

スコセッシ守護霊　ああ、もう、それは、第二次大戦以降、そうでしょう。

大川紫央　うーん。

スコセッシ守護霊　みんなが、そう思ってるじゃない。何の奇跡も、日本では起きないんだよ。

酒井　では、アメリカ人の歴史は残虐ではなかった、と？

スコセッシ守護霊　うん？　アメリカ？　アメリカ人の、うーん……。まあ、それは、軍隊と共に占領《せんりょう》してくるところを描《えが》けば、残虐に見えるだろうねえ。そりゃあ、中南米とかをスペインとかが侵略《しんりゃく》したところを映画で描《か》けばね。でも、そんなの、つくりたくないわね、普通《ふつう》ね。

酒井　それは、なぜですか。日本は、なんで描《えが》いていいんですか。

スコセッシ守護霊　だから、こんな国だから、（アメリカは）大統領が替《か》わるかもしらんけど、「文化摩擦《まさつ》」とか、「経済摩擦」とか、いろいろ起きてもしかたないんだということが分かってもらえればいい。これは、もう異邦人《いほうじん》なんだから。

「進化論は事実。キリスト教はリストラが必要」と考えている

酒井　要するに、あなたは、あれですか？　やはり、「人間は、『進化論』みたいなもので、野蛮《やばん》なところから進化している。人種によって、人間が違《ちが》う」という考えを持っているんですか。

スコセッシ守護霊　まあ、そうなんじゃないの？　もちろん。

酒井　「進化論」は信じるわけですか。

スコセッシ守護霊　そうなんじゃないの？　事実そうなんじゃないの？　まあ、昔の見たら、昔に行くほど悪いじゃない、だいたいね。

酒井　では、「科学の進歩」というのは、どう認識していますか。

スコセッシ守護霊　まあ、それは、目に見えるものなんじゃないの？　はっきりとね。

酒井　では、宗教が科学に敗れていくのも必然だ、と。

スコセッシ守護霊　うん。だから、二十世紀、二十一世紀と、科学がずっと進んできたんだから、もう、こんな二千年前のキリスト教？

酒井　要《い》らないですか。

スコセッシ守護霊　もう、「そろそろ、リストラしたら？」っていう気持ちはあるわな。

酒井　なるほど。では、科学が、これから人類を救う、と？

スコセッシ守護霊　うーん……、まあ、それは、私の仕事じゃないから、よく分からないけどね。

酒井　まあ、宗教よりは科学のほうが、あなたは、いいと思っているんですね。

スコセッシ守護霊　いやあ、映画……、まあ、カメラとか、いろんな技術はね。ＣＧとかね、そんなものはいろいろ進んだし、飛行機の便《べん》とかはよくなったのは、いいことだとは思うけど。まあ、それはちょっと別の問題だから、一緒《いっしょ》じゃないけど。

酒井　「異端審問《いたんしんもん》」みたいなものも、中世にはあったりもするんですが……。

スコセッシ守護霊　もっとひどかったわな、確かにな。

酒井　それは、どう思われますか。

スコセッシ守護霊　いやあ、よくないことなんじゃないの？

酒井　よくない。

スコセッシ守護霊　それは、でも、知ってもらう必要はあるわな。みんなには、それをね。

だけど、映画としてつくりたいかどうかは別だよ。それは、意欲が湧《わ》くかどうかの問題だからね。

酒井　なるほど。

スコセッシ守護霊　十字軍だって、どっち側を描くかによって、敵が憎《にく》く見えるだろうしさ。いずれにしても残虐だろうけどさ。

酒井　「快・不快」というところで言うと、哲学《てつがく》的には、エピクロス●という方がいますよね？　「エピキュリアン（快楽主義者）」とか。そういうものは、勉強したことがありますか。

スコセッシ守護霊　まあ、一般《いっぱん》的に言うことなんじゃないの？　みんな。

酒井　そのころの話は、あんまり知らないですか。

●エピクロス（前341～前270）　古代ギリシャのヘレニズム期の哲学者。エピクロス学派の祖で、人生の目的を精神的快楽にあるとする「快楽説」を提唱。

スコセッシ守護霊　うーん……。まあ、特に、「学派がどうのこうの」と言ってるわけじゃないから。

酒井　うーん。では、まあ、そこは結構です。

スコセッシ守護霊　だけど、そうだな。「人間が幸福かどうか」っていう判断をするのにね、要するに、まあ、日本語で言やあ、何だ？　「今日一日は、あなたにとって快適でしたか。そうではなかったですか」って訊《き》けば、だいたい分かるじゃないの。「今日は、いい一日でした。快適でした」と言うか、「今日は、ずいぶん疲《つか》れたり、怒《おこ》られたり、損したり、雨に降られたり、もうろくでもなかった」って言うか。まあ、そういうことでしょうから。そういうことを総合的に言ってるだけだからさ。

どうしても「魂《たましい》」や「心」については理解できないスコセッシ守護霊

スコセッシ守護霊　私なんかは、今、奉行所で取り調べる映画をつくったから、今、こうやって〝取り調べ〟されてるんかと思って、不快の感じが強く出てきてるけどさ。「日本人に取り調べられてるらしい」っていう。

転ばなきゃ。どっちに転ぶの？　どう転んだらいいの？　何か「転びの文句《もんく》」があったら教えてちょうだいよ。何か……。

武田　まあ、「肉体以外の自分がある」というところを、今日はご自分で体験したわけですから、これは、ぜひ知っていただきたいですね。

スコセッシ守護霊　まあ、そんなのは、あってもなくても、どっちでもいいよ。

武田　いえ、いえ。

スコセッシ守護霊　だって、生きてる人間には、どうせ、しょせん分からねえだろう。

武田　何を言いたいかというと、「スコセッシ監督が死んだら、肉体はなくなりますよ」ということです。

スコセッシ守護霊　ああ、そう？　ふーん。

武田　それは、そうですよね？　肉体はなくなりますよね？

スコセッシ守護霊　いや、肉体は、それは……。

武田　焼かれますよね。まあ、焼かないかもしれませんが……。

スコセッシ守護霊　いや、埋《う》めるんだ。何言ってるの。

武田　埋めますよね？

スコセッシ守護霊　うん。

武田　肉体から離《はな》れますよね？

スコセッシ守護霊　うん。

武田　でも、今、あなたのように、「存在《そんざい》する〝存在〟」……、まあ、「心」というか、「魂《たましい》」というか、呼び方はいろいろですけれども、「存在する〝思考体〟がある」ということですよ。

スコセッシ守護霊　いや、それは分からない。

武田　いや、今、そうじゃないですか。

スコセッシ守護霊　いや、死んでみないと分からない。

武田　今、まさに、死んでいるのと同じように、スコセッシ監督の肉体から離れて、来ていますよ。

スコセッシ守護霊　いや、分からない。「離れる」って分からない。

武田　いや、ここは日本ですから。

スコセッシ守護霊　そんなの死んでみないと分からない。

武田　いや、スコセッシ監督は日本にいますか。

スコセッシ守護霊　いや、スコセッシが死んだあと、そんなもの、雲散霧消《うんさんむしょう》するかもしれないし。魂が天国に行くかもしれないし、地獄《じごく》に行くかもしれない。分からないよ。

「死後の世界」を認めないスコセッシ守護霊

武田　「天国・地獄」は、やはり、あるんですよ。

スコセッシ守護霊　ふーん。

武田　「ある」という以上、「善」と「悪」もあるんです。

スコセッシ守護霊　あんた、宣教師なの？　パードレ？　あんた、パードレね？

武田　ええ。

スコセッシ守護霊　ああ、パードレ。パードレね。はい。パードレ、パードレ。

武田　ところが、死後の世界を認めない人は、死んだときに、自分が定義できなくて、もう迷ってしまいますから。そうならないように、今日のこの体験を……。

スコセッシ守護霊　パードレ、行ってきたようなことを言う。見てきたようなことを言うじゃん、パードレ。

武田　いや、もう経験があるので。

スコセッシ守護霊　えっ？　えっ？　見てきたの？

武田　自分の肉親が、本当にそうなりましたので。

スコセッシ守護霊　ええ？　見てきたように言うじゃん。本当に？　本当に見てきたの？　どこに行ってきた？　どこ行ってきたの？　どこに、どう行ったの？

武田　生きているときに信じずに、疑っていると、死後、その霊《れい》存在はどうしたらいいか分からなくて、困ってしまうんですよ。

スコセッシ守護霊　そういうね、口だけで言ったって駄目《だめ》よ。そんなの、もう教会で毎日言ってるよね、そんなことは。

武田　いえ、いえ。実際、経験しているので。そういう人を見たことがあるので言っているんですよ。

スコセッシ守護霊　うん。

武田　まあ、これは、ちょっと受け入れられなかったかもしれないけれども、「今、日本に来て、日本語でしゃべっているあなたがいる」というところから、ぜひ、それを推測してほしいんです。

スコセッシ守護霊　いやあ、それは、日本語かどうかも分からないよ。

武田　いえ、いえ、日本語です。

スコセッシ守護霊　いや、知らないよ。そんなの分からない。

「この世で楽しけりゃいい。信仰《しんこう》は余分で、捨てればいい」？

酒井　要するに、言いたいのは、「信仰《しんこう》」というのは、あなたみたいな人を出さないためにあるんです。

スコセッシ守護霊　うーん。まあ、この世でねえ、楽しけりゃ、もうそれでいいんだよ。だから、もう余分なものは捨てりゃいいんだよ。なあ？　私はそう思うよ。

酒井　だから、死んだあと、あなたみたいにならないように、「信仰」というものはあるんです。

スコセッシ守護霊　「あなたみたい」って（苦笑）、何てこと言うんだよ。

武田　死んだあとに、自分が困ることになりますよ。

スコセッシ守護霊　私は取り調べをされなければ、別に幸福ですから。別に何も。

酒井　まあ、「死んでも死んだことが分からない」という、これがいちばんの不幸ですね。

スコセッシ守護霊　「死んでも死んだことが分からないのが不幸」って、何言ってるか、さっぱり意味が分からない。

武田　今、あなたが死後について分からないのであれば、地上の本人が死んだとき、同じように分からないんですよ、残念だけど。

スコセッシ守護霊　何言ってるの。

酒井　まあ、あなたは、要するに、「踏《ふ》み絵」を平気で踏むような人なんですよ。

スコセッシ守護霊　何を言ってるのか分からんけど。

酒井　まあ、〝踏み絵を踏んだ先には、こういう世界がある〟ということです。

スコセッシ守護霊　踏み絵も何も、あったもんじゃない。そんな嫌《いや》なものは、嫌か嫌でないかだけで決めりゃ……。

酒井　要するに、この世の肉体の安全を選んで、神を疑って、その末路《まつろ》があなたなんです。

スコセッシ守護霊　いや、それで何が悪いのよ。別に、快適に暮らしてますから、問題は何もないです。

酒井　まあ、「死んでも、そういうふうに思っている」ということ自体が、「あの世に行けていない」ということです。

スコセッシ守護霊　うーん、世界から賞賛《しょうさん》の声が聞こえてくるしね。別に、何も困ってないよ。

酒井　（他の質問者に）まあ、いいですか。

「日本人はキリスト教を理解できない原始人だ」と思っている

スコセッシ守護霊　大したことねえなあ。君たち、それじゃ長崎奉行には、ちょっと取り立てられないな。そんなんじゃ映画にならない。

大川紫央　（苦笑）えっ？　まだ説得されたいんですか。

スコセッシ守護霊　えっ？　だから、あの程度、頑張《がんば》れよ、役者ならさあ。役者なら、あの程度、何か、ちょっと頑張れ。あの「井上《いのうえ》（筑後守《ちくごのかみ》）様」（幕府大目付《おおめつけ》・宗門改《しゅうもんあらため》役《やく》）みたいに、ちょっと〝頑張ったら〟どうだい。もうちょっと、こう（人差し指で指さすしぐさをする)。君らねえ、頭悪いわ。井上様より頭悪いな。あの奉行みたいに、ちょっと頑張って英語で説得していくぐらいの頭でもありゃあなあ、大したもんだなあ。

酒井　ということは、あなたは、何か助けてほしいんですか。

スコセッシ守護霊　うん? 助けてほしくないよ。君らには無理だから、それ。〝原始人〟が(笑)、何ができるっていうんだ。

大川紫央　原始人というのは?

スコセッシ守護霊　日本人のことです。

大川紫央　ですよね?

スコセッシ守護霊　そうです。

大川紫央　やっぱり、そう思っていらっしゃるんですね。

スコセッシ守護霊　原始人でしょう、基本的に。最終的にキリスト教が理解できないんです、日本人には。

スコセッシ守護霊は、宗教をどのように理解しているのか

大川紫央　では、スコセッシ監督（守護霊）は、キリスト教をどういうものだと思われているんですか。

スコセッシ守護霊　「不可知論《ふかちろん》」で考えてる。うん。不可知論。

●不可知論　「人間は、経験しえないこと（神など）を知ることはできない」とする立場。

大川紫央　自分にとって、ですか？

スコセッシ守護霊　まあ、人間にとってね。生きていくためには、何かの「神話」は要《い》るんだろうと思ってるよ。それは思ってる、何らかのね。
　だから、どこの民族も、何らかの「神話」を背負《せお》ってはいるんでね。まあ、それはしょうがないとは思ってるけど。「それにあんまり振《ふ》り回されちゃいけないよ」ということを言ってるわけよ。

大川紫央　つまり、自分がいちばんだと？

スコセッシ守護霊　え？　「アメリカ・ファースト」じゃないよ、別にね。

大川紫央　あなたはイタリア系の方ですよね。

スコセッシ守護霊　まあ……、もう、言ってること、議論がよく分かんないんで。とにかく、アカデミー賞、出してくれ。ほかにはない。

酒井　要するに、「宗教というのは、神との交流ではない」ということですね？

スコセッシ守護霊　だから、宗教っていうのはねえ、「実証」に比《ひ》して、「騙《だま》し」が多すぎるわな、基本的にはね。

この世は、やっぱりね、楽しく暮らしてね。自由に酒を飲み、肉を食べ、女を抱《だ》き、それで、夜は眠《ねむ》れて、家のローンが払《はら》えて、犯罪者にならんで済んだら、まあ、いいんじゃない？

酒井　それが、あなたの宗教みたいなものですね？

スコセッシ守護霊　宗教っていうか、「普通の人間の生き方」じゃないの？

酒井　それが、あなたが伝えたいメッセージ？

スコセッシ守護霊　これが、「最低限の人間の生き方」で、何かを信じることによって、これ以下になるんだったら、やっぱり、信じないほうがいいんじゃないの？

酒井　で、どっちになると思うんですか。

スコセッシ守護霊　だから、これを満たせなくてさ。宗教を信じることによってだよ、仕事を失う。家族を失う。奥《おく》さんを失う。結婚《けっこん》もできなくなる。お金を失う。あるいは、犯罪者になる。あるいは、殺される。あるいは、他人《たにん》に大きな迷惑《めいわく》をかけて、会社を潰《つぶ》したり、ほかの人に何か犯罪で連座させるようなことになる。

まあ、このようなことになりたくはないもんだよな。だから、そういうふうにつながるような宗教は、縁《えん》を切ったほうがいいから、〝転んだ〟ほうがいいねえ。うーん、そういうことだなあ。
それと、「自己実現」ね。まあ、人生、自己実現だよ。
要するに、自己実現して、自分のやりたいことをやる。やれることは幸福で、やりたいことをやれないような宗教なんていうのは、捨てりゃいいんだ。そんなもん、しょせん。

酒井　捨てればいい？

スコセッシ守護霊　捨てりゃあいいんだよ。

酒井　神様は、いないんですかね。

スコセッシ守護霊　いや、宗教っていうのは、全部、みんな、同じようにしようとするだろう？　みんな、洗脳されて、あの長崎の漁民みたいに、みんな同じような行動して、みんな同じように死んでいく。バカみたいじゃないですか。だから、洗脳されたら、なんか竹槍《たけやり》部隊みたいに、「バーッと突いていって、みんな殺される」みたいな感じになるからさ。

「そんなバカな信仰は持たないほうがいいよ。持つなら、まあ、複雑に、人を操《あやつ》れるような人間にならなきゃいけないよ」っていうことだなあ。

「現代人は古い囚《とら》われに縛《しば》られないほうがいい」

酒井　あなたにとっては、この世がいちばん重要なところなんですね。

スコセッシ守護霊　まあ、「この世」って……、さっぱり分からないね。

酒井　というか、あなたの生きてる世界ですね。

スコセッシ守護霊　いや、「人間としての自己実現」だよ。自分がやりたいことをやれたら、それでいいのさ。

酒井　では、「神の言葉」というものは、ないんですか。

スコセッシ守護霊　神の言葉なんてのは、まあ、〝日替《ひが》わり〟で変わるだろうから、そんなもん、信じてたらバカ見るよ。

酒井　『旧約聖書《きゅうやくせいしょ》』とかも、ありえないんですかね。

スコセッシ守護霊　いやあ、まあ、それは……。

酒井　あれは、フィクション?

スコセッシ守護霊　そんなもんもあったかもしれないね、っていうだけでね。

酒井　「あったかどうか」については、どうですか。

スコセッシ守護霊　〝日本昔話《にほんむかしばなし》〟よな、まあ、言えば。

酒井　フィクションだと？

スコセッシ守護霊　あったかもしれないね、って。

酒井　あったかもしれない？　あったらどうするんです？

スコセッシ守護霊　ないかもしれない。

酒井　あったらどうします？

スコセッシ守護霊　それは、証明のしようが何にもない。「そういう話が伝わっています」ということのみなんで。それを物語として読める人は読んだらいいし、読めない人は捨てたらいい。

酒井　なるほど。「否定はしないけど、あるかどうかは分からない」と。

スコセッシ守護霊　だからねえ、「現代人は、そういう古い囚《とら》われに縛《しば》られないほうがいいよ」と。「神様って、そんなに親切な人じゃないですよ」と。

もう、「大部分、人類史の九十九・九九パーセント、沈黙《ちんもく》で知らん顔してるんですよ。戦争が起きたとき、黙《だま》ってるんですよ。原爆《げんばく》を落とされたって黙ってるんですよ」と。

それが、神様なんだからさあ。それに対して、「神を愛せよ」とか、もう目茶苦茶《めちゃくちゃ》なことをイエスは言ってるけど、「ほどほどにしたほうがいいよ」と言ってるのよ。

だから、自分たちが合理的に「愛されてる」と感じてる範囲《はんい》内で、信仰を持って、やったらいいのよ。

酒井　合理的であればいいわけですね。

スコセッシ守護霊　うん。合理的な範囲でね。

酒井　「合理的ではないと、原始人だ」と。

スコセッシ守護霊　それを超《こ》えちゃいけないよ、という。

映画のなかでの「転びなさい」は、誰《だれ》の声？

酒井　要するに、「神の声が聞こえて、神の言葉のとおりに動く人は原始人に近い」ということですよね。

スコセッシ守護霊　うん。

酒井　この世的な合理的な考えを乗り越《こ》えて、神の言うことを信じて、合理的な行動を取らない人のほうが……。

スコセッシ守護霊　でも、映画のなかではね、神が、「踏み絵を踏みなさい。転びなさい」みたいな感じで言ってることになってるからさあ。まあ、ちょっとはあれなんだけど。

酒井　それは、あなたが神になってるんですよね。

スコセッシ守護霊　いや、そうなんだよ。〝監督《かんとく》の声〟なんだよ、あれ。

酒井　そうですよね。

スコセッシ守護霊　うん。監督の声だ。

酒井「神は、そういうことを言う」と。

スコセッシ守護霊　うん。「だろうね」と。そんな不幸な目を見たらね。

酒井　ということですよね。

スコセッシ守護霊　長崎も、「原爆を落とされたら何万人もの人が死にますよ」ということを分かってたらね。

だから、広島で原爆を落とされて死んだ映像を、すぐ翌日、長崎で上映してね、「こうなりたいですか？　なりたくないですか？　なりたくなかったら、もう降参しましょうね。これでもまだ、〝裕仁《ひろひと》信仰〟を持っとるんですか。捨てなさいよ」と。まあ、そういうことだよ。フッフフン（笑）。

酒井　日本という国にも、神の声を聞いていた人が多くいるんですけれども、あなたに言わせると、それはやっぱり原始的なんですか。

スコセッシ守護霊　ああ、知らないから、あんまりよく。……まあ、いいよ。

酒井　「神の声」を聞いて動くのは「原始人」ということですか。

スコセッシ守護霊　いや、いいんです、それは。「南無阿弥陀仏《なむあみだぶつ》」でも「アーメン」でも何でもいいのさ。それで救われてると思ってる人は、そう信じてたらいいと思うけど。「救われてると思う範囲が、一定の合理性のなかに入ってなきゃバカを見るよ」ということを言ってるだけ。それだけよ。

酒井　うーん。分かりました。

10　「沈黙《ちんもく》」の時代と「神の声が聞こえる」時代

「民主主義」について熱弁を振《ふ》るう

武田　あなたは、幸福の科学をご存じですか。

スコセッシ守護霊　いや、まあ、聞いてるよ。そういうのは聞いてるよ。

武田　あ、聞いてますか。

スコセッシ守護霊　幸福の科学っていう、うん。それが、どうしたの？

武田　監督《かんとく》が、「沈黙《ちんもく》―サイレンス―」という映画を製作されましたけれども、実は今、沈黙の時代じゃないんですよ。

スコセッシ守護霊　うん？

武田　「今、神の声が聞こえる時代だ」ということを知っておいていただきたいですね。

スコセッシ守護霊　いや、神の声は聞こえない。民《たみ》の声が聞こえるんだよ。神の声……、ああ、マスコミの声は聞こえるね。

武田　まあ、それはそうです。

スコセッシ守護霊　でも、マスコミは、民の声を伝えてはいるわね。

武田　まさに今、あなたがやっているように、あなたという霊《れい》の声も、(霊言《れいげん》として)

こうやって地上に降ろせているわけですよ。

スコセッシ守護霊　まあ、そんなの例外だから。

だから、民主主義っていうのは、それを認めないんだよ。

「神は長らく沈黙し続けたから、もう神は信用ならないので、民の声を要約して、それを政治に実現する」っていうのが民主主義なわけ。

だから、民主主義をみんなが信じるような国になったっていうことは、「神の声なんか降りてこねえ！」っていうことを、みんなが認めたっていうことなんだよ。それが「沈黙」の意味なんだよ！

武田　ただ、これからは分からないと思います。

今のあなたのように、すでに七百人以上の霊人《れいじん》が、この日本で、大川隆法総裁の体を使って、霊言をされています。

スコセッシ守護霊　それが霊かどうかが証明できないから。

武田　いや、あなたは今、霊じゃないですか。

スコセッシ守護霊　ええ？　証明できないわ、そんなもん。

武田　いや、自分で問うてくださいよ。もう、これ以上言いませんから。

スコセッシ守護霊　知らんよ。この大川隆法とかいう人がしゃべってるだけだから知らないよ、そんなもの。

大川隆法の著作は2100書を突破し、そのうち、歴史上の偉人の霊や、現在活躍中の著名人などの守護霊を招霊した公開霊言シリーズは400書を超えている。そのテーマは宗教を始め、政治、経済、教育、科学、芸能など多岐にわたる。

武田　でも、あなたは、スコセッシ監督の守護霊ですよね。大川隆法総裁じゃないんですよ。

スコセッシ守護霊　守護霊って、よく分かんねえけど、何か、「スコセッシ」って言われたら、「はい」って言ってしまうだけだ。

映画「沈黙」が、「宗教家にとって教育になる」理由とは

武田　大川隆法総裁は、あなたが決して見ることのできなかったイエス・キリストとも話ができるような関係でもあるわけですよ。それは知っておいてください。

スコセッシ守護霊　ああ、そらあ、〝病院に行ったほうがええ〟なあ。ああ、もう、病院に行ったほうがいい。これ、あなた（酒井）だけでないわ。

武田　まあ、分かりました。納得《なっとく》しなくてもいいです。

スコセッシ守護霊　いや、悪かった、悪かった。あんただけ差別したのは悪かったわ。そら、この人も病院に一緒《いっしょ》に手をつないで行くべきだ。「イエス・キリストと話ができる」って言ったら、もう病院に行くべき。

武田　ただ、そういう方が、スコセッシ監督の映画を観《み》て、感動はなかったそうです。

スコセッシ守護霊　そらあ、病人はねえ、つらいだろう。

武田　それから、「冷たくなる感じ」でしたでしょうか？

大川紫央　ああ、そうですね。

武田　そういう感覚を持たれたわけです。

つまり、あなたのつくられた世界は……。

スコセッシ守護霊　もういいよ。この映画を観たら、宗教家にとっては教育になると思うんだな。

「おまえら、変なことを教えたら、信者はこんなふうに穴のなかへ吊《つる》されて、逆《さか》さで血を滴《したた》らして死んでいくような目に遭《あ》うんだぞ。変なことを言うんじゃないよ。神の声だと称《しょう》して、変なことを伝えるんじゃないよ」というねえ、自分への戒《いまし》めになるんじゃない？　うん、そらあ、いいことだ。

まあ、教会もそうだけども、商売のためにやるからさあ、「いいかげんにしなさい」っていう。

武田　いや、それは逆であって、本当に神の声が降りていたら、あなたは、重大な罪を犯《おか》していることになりますよ。それは知っておいてください。

スコセッシ守護霊　いや、私が「神の声」かもしらんからさあ。私は姿が見えないのに、しゃべれてるから、これは「神の声」かもしらんから。

武田　まあ、「霊の声」ですね。

スコセッシ守護霊　スコセッシが、この映画をつくることによって、「神の声」と化したのかもしらん。わしは存在していないけど、声だけ存在するんだ。

なぜ、「この世こそが大切である」のか

大川紫央　あなたは、「この世こそが大切である」というようなことを一貫《いっかん》しておっしゃっていると思うのですけれども。

スコセッシ守護霊　まあ、そういうことだね。「それ以外、信じたらいけないよ。生まれる前の話とか、死んでからあとの話なんて信じちゃいけないよ」と。

大川紫央　ただ、宗教が存在するのは、真《ま》っ向《こう》からそこを否定して、人々に幸せになっていただくためです。

そもそも、「この世がすべてではない」というところから、スコセッシ監督守護霊との話の前提がズレているので……。

スコセッシ守護霊　だからね、騙《だま》されていないかどうかを確認するには、この世のところを見るしかないので。

まあ、「今、不幸なのは、前世《ぜんせ》が悪いからだ」と言われてさ、それで言うことをきかなかったら、「来世《らいせ》、地獄《じごく》に堕《お》ちるぞ」と。これ、宗教の常套文句《じょうとうもんく》だよ。こんなの信じちゃ駄目《だめ》なんで。やっぱり、私は、「生きてる間に、ちゃんとそれを証明してくださいい」と言わないと、正しい宗教かどうかは判定できない。

だから、判定できなかったら、「自分が満足できる合理的な範囲《はんい》内だけで信仰《しんこう》しとりゃいいんだ」と、まあ、そういうこったなあ。

これはもう、現代の知識人の立場でしょ。

武田　今、あなたは、こうして日本に来て、霊としてしゃべっているという実証をしているので、ぜひ、その意味についてよく考えてください。

スコセッシ守護霊　だけどねえ、遠藤《えんどう》のその『沈黙』を、私に献本《けんぽん》してくれる聖職者《せいしょくしゃ》がいるわけだからさあ。これを読んで感動した聖職者がいるなら、映画を観て感動する聖職者もいっぱいいいるはずですから。そんなもんなんだよ。

武田　おそらくその方も、信仰の葛藤《かっとう》を抱《かか》えているんだろうなと推測しますけどね。

スコセッシ守護霊　だから、キリスト教を信じたために不幸になった人は、いっぱいいるわけよ。

武田　でも、幸福になった人もたくさんいます。

スコセッシ守護霊　幸福の科学を信じたために不幸になった人も、いっぱいいるわけよ。

武田　いや、幸福になった人がたくさんいるのです。

スコセッシ守護霊　それを捨てたらいいのよ。「転べ」「転べ」「転べ」って、みんなに言えばいいのに。あんたがたが、「転ぶな」「転ぶな」「転ぶな」って言うからさあ。だから不幸になるんだよ。だから、転べばいいんだよ。

酒井　幸福の科学では、あなたが信じていない「奇跡《きせき》」も起きているんです。

スコセッシ守護霊　いや、それも嘘《うそ》かほんとか分かんないから。証明書がないから。うん、分からないから。

酒井　いや、ありますよ。

スコセッシ守護霊　ああ。

スコセッシ守護霊にとっての「望ましい未来」とは

大川紫央　ただ、信仰の過程でたとえ〝転んで〟しまったとしても、私たち人間は、魂《たましい》というものを頂いていて、永遠の命のなかを生きていますので、そこに神の愛を感じることができるわけです。

スコセッシ守護霊　それはよく知らんけど。何を言ってるか、さっぱり分からないけど。

大川紫央　やはり、宗教者としては、「この世の生きやすさ」とか、「この世の道理」とか「考え方」とか、そういったものからの揺《ゆ》さぶりを常に受ける立場ではありますので。

スコセッシ守護霊　うーん。

大川紫央　スコセッシ監督守護霊の今日の話を聞いて、宗教者として身が引き締《し》まるようなところがたくさんありました。

スコセッシ守護霊　いやあ、そんなこと、信じちゃいけないよ。こんなのねえ、スコセッシが、日本語をしゃべるわけないんだから。「スコセッシとしてしゃべってるが、これは狸《たぬき》か狐《きつね》がしゃべってるかも分からん」と思うのが平均的日本人。

大川紫央　では、あなたは狸でいいですか。

スコセッシ守護霊　ああ、平均的日本人なら、〝狐狸庵《こりあん》〟だろう？　遠藤周作《しゅうさく》が「狐狸庵」とか言ってるのは、まあ、そうなのよ。

大川紫央　では、あなたは狐でいいですか。

スコセッシ守護霊　まあ、狐でも狸でもスコセッシでもいいよ。

武田　悲しい悲しい結末ですけど、それでよろしいですね。

スコセッシ守護霊　とにかくなあ、「合理的なこと以外は信じるな」ということだから。「宗教っていうのは、基本的に放置すると行きすぎて、人間を不幸にするから、信じないほうが幸福だよ」ということは言っておきたいな。

だから、「沈黙」を観た人は、きっとみんな、そうなるって。「転んで、転んで」するだろう。で、職業的宗教家になろうとする人は減るだろう。それが望ましい未来だな。ハハハ（笑）。

酒井　ただ、あなたは、本当にシンプルな「あなたは何ですか」という質問にも答えられないんですよ。

スコセッシ守護霊　だから、神の声です。まあ、神の声だと言えばいいんじゃない？

酒井　では、肉体はないんですね。

スコセッシ守護霊　声だけあって肉体はない、神には。

大川紫央　ただ、これだけ、人が連綿《れんめん》と生き続けているわけですよ。だから、「この世の中に突然《とつぜん》放り出されて、この世の中だけの幸福を見つけて、この世で楽しく生きて、成功して、そのまま死んでいければそれでいい」という考え方のほうが、私からはすごく非合理的で非論理的に見えます。「なぜ人間がいるのか、その理由の説明もつかない人たちなんだな」というふうに考えますね。

スコセッシ守護霊　動物だって、みんなそうじゃない。

武田　だから、その動物と同じになってしまうんですよ。

スコセッシ守護霊　動物だって、食べられたくもないし、死にたくもない。動物も、みんな一緒じゃない。人間だって動物なんだから、食べられたくはないし、死にたくはない。

大川紫央　いや、神がいるということは、その動植物自体にも「存在している理由」があるわけです。

スコセッシ守護霊　ああ、言ってることが分からない。もう、意味不明なので。

自分を「神の代わり」と語るスコセッシ守護霊

酒井　人間としての尊厳《そんげん》っていうものが、あなたの発言のなかからは何も感じられません。

スコセッシ守護霊　「近代的民主主義以降は、要するに、〝神様はもう死んだ〟」のよ。神は死んだんで、神の代わりが、私たちみたいな、こういう世界的な巨匠《きょしょう》とかなの。神様の代わりなわけ。

酒井　なるほど、なるほど。

スコセッシ守護霊　昔の神の預言者《よげんしゃ》の代わりに、こういう巨匠といわれる映画監督とかが、世界にメッセージを発してるわけよ。これを信じたらいいよ。

酒井　ただ、ニーチェというような方も地獄に堕《お》ちてますからね。

スコセッシ守護霊　私を「定義」できないなら、私は「神の声」としてだけ存在したというものだね。シナイ山《さん》で声が聞こえてきたわけよ、天からな。まあ、そういうことだ。

（カメラマンに）あのカメラ、気になるなあ、ほんとな。監督を撮《と》るなよ。役者のほうを撮れよ、ちゃんと！

酒井　なるほど。

スコセッシ守護霊　もういいかい？

酒井　もうこの霊言を聴《き》けば、聴いてる方は、「あなたが何か」というのは全部分かりますので。

スコセッシ守護霊　うん、神の声だと分かった？　神の声はねえ、カメラに映らないんですよ。なあ？

酒井　まあ、そういうことですね。はい。

スコセッシ守護霊　だから、それを信じて不幸になるならねえ、転びなさい。

酒井　あなたのような人生を送るべきではないということが、よく分かりました。

スコセッシ守護霊　よく分からない。

武田　ちゃんと報《むく》いを受けていただきたいと思います。

スコセッシ守護霊　何を言ってるか、よく分からない。世界的名声のなかにいるのに、「報いを受けてください」って、意味がさっぱり分からない。

武田　当然の報いが来ると思います。

スコセッシ守護霊　君、〝原住民の呪《のろ》い〟をかけてるのか。

武田　いえいえ。「あなたがまいた種に応じたものが、報いとして返ってくる」と思いますから。

スコセッシ守護霊　台湾《たいわん》でロケしたらねえ、台湾人は、「日本人は残酷《ざんこく》だったんだね」と、みんな言ってたよ。撮影してたら。それが報いだよ。

酒井　いずれ、キリスト教信者から、必ずその説明を受けるときが来ます。「いったい、踏《ふ》み絵とは何だったのか」ということが分かりますよ。

スコセッシ守護霊　いや、私でなくて、教会の神父《しんぷ》を持ってきたって、そんなのどうせ同じだよ、言ってることは。たぶん、一緒だから。

酒井　踏み絵を踏まなかった方の幸福というのは、いずれ分かるようになると思います。

スコセッシ守護霊　そんなもんで罰《ばち》を当てるような神なら、それは「悪魔《あくま》」だな。

武田　はい。分かりました。今日は、ありがとうございました。

11　「スコセッシ監督《かんとく》の本質」が見えた今回の霊言《れいげん》

大川隆法　（手を二回叩《たた》く）これが何かに似ているとすれば、医者や科学者、哲学者《てつがくしゃ》のような人が死んで出てきたら、だいたいこんな感じになります。養老孟司《ようろうたけし》氏のような人が死んで出てきたら、まあ、こんなものでしょう。立花隆《たちばなたかし》氏などが死んでも、たぶん、こんなものでしょう。

酒井　たぶん、そうです。

大川隆法　もう、どうしようもないレベルなので、故・中村元《なかむらはじめ》氏もそうかもしれませんけれども、学者や研究者、あるいは、自分のことを多少なりとも偉《えら》い人間だと思っていた人々のなかで、死んでからあとのことを説明できない人は、みなこんな感じになるので、どうにもなりません。だからこそ、「素朴《そぼく》な信仰心《しんこうしん》」を笑うのでしょう。知的に解釈《かいしゃく》できないかぎりは納得《なっとく》しないということなのでしょうから。ただ、同じ映画からでも、さまざまなメッセージを受け取る人はいるでしょうから、いい方向に出ることを願いたいものです。

私としては、「スコセッシ監督の本質をお見せした」ということだと思います。はい、はい（手を一回叩く）。

酒井　ありがとうございました。

〔付録〕

収録の二日前に現れたスコセッシ監督《かんとく》守護霊《しゅごれい》の霊言《れいげん》

二〇一七年一月二十三日　収録

幸福の科学　特別説法堂《せっぽうどう》にて

質問者

大川紫央《おおかわしお》（幸福の科学総裁補佐《ほさ》）

［役職は収録時点のもの］

信仰《しんこう》を「狂信《きょうしん》、妄信《もうしん》だ」と語るスコセッシ守護霊《しゅごれい》

スコセッシ守護霊　はあ（ため息）。（約十秒間の沈黙《ちんもく》）スコセッシ。

大川紫央　監督《かんとく》の守護霊まで来るんですか。

スコセッシ守護霊　はい。

大川紫央　なぜですか。

スコセッシ守護霊　映画……、観《み》た。

大川紫央　観ましたが、なぜ幸福の科学に来るんですか。

スコセッシ守護霊　あの名作に感動しないですか。

大川紫央　何をいちばん伝えたかったんですか。

スコセッシ守護霊　ええ？

大川紫央　何をいちばん伝えたかったのか、よく分からなかったんです。何を伝えたかったんですか。

スコセッシ守護霊　「信仰《しんこう》っていうのは、基本的には、妄信《もうしん》、狂信《きょうしん》だ」ってことですよ。

大川紫央　ああ。なんか、「信仰の葛藤《かっとう》から離《はな》れたら、まったく平和な世界が広がってる」という感じでしたね。

スコセッシ守護霊　まあ、そういうことですよ。

「二千年も前の古い宗教に縛《しば》られる必要はない」

大川紫央　「あれ（パードレが、棄教《ききょう》するまでに体験した苦しみやキリシタンたちの死）は何だったんだろう」といった感じがしました。

スコセッシ守護霊　だから、もうねえ、私は、「二千年も前の宗教に縛《しば》られる必要はない」と思ってるんですよ。人間ねえ、やっぱりその場その場で、幸福な人生を生きるべきで。「幸福な人生を後押《あとお》しするのが宗教だ」と。

なのに、古い宗教がね……。まあ、イスラム教もそうだけど、ほかの古い宗教によって縛られて、現在が幸福に生きられないんじゃ、それは本末転倒《ほんまつてんとう》じゃないか、と。まあ、そういうことが言いたかったわけですよ。

大川紫央　二千年前の宗教ではない宗教の場合は？

スコセッシ守護霊　それも、「信じることによって幸福になるか、不幸になるか」によるから。「信じないほうが幸福なら信じないほうがいいし、信じて幸福になれるならそれでもいい」ということですよね。

大川紫央　でも、あなたの言う幸福は、要するに、「この世で普通《ふつう》に生きていける、命が脅《おびや》かされない幸福」ですよね。

スコセッシ守護霊　まあ、いちおう、私はね、あんたがたと違《ちが》うんで。「人生一回きり」というふうに思ってるわけだけど。

大川紫央　唯物論者《ゆいぶつろんしゃ》ですか。

スコセッシ守護霊　唯物論っていうわけじゃないけど、「人生一回きり」って考えるでしょう。

大川紫央　「創造主」は、信じているんですか。

スコセッシ守護霊　いや、「今回の人生は、もうこれっきり」と。

大川紫央　「今回の人生は」ということは、「転生輪廻《てんしょうりんね》」は信じているんですか。

スコセッシ守護霊　いや、それはキリスト教的にはよく分からないけど、「今回の名前で受けた人生は一回きり」と思ってるから。

大川紫央　はい。

スコセッシ守護霊　「その人生を、何千年も前の、二千年前とか、千五百年前の宗教の教えで、むざむざ不幸にする必要なんかない」という訴《うった》えです。

宗教に対して疑問を呈《てい》し続ける

大川紫央　「魂《たましい》」というのは、信じているんですか。

スコセッシ守護霊　魂とか、宗教では、まあ、宣教師はいろいろ言うけど、実際に自分たちも分かってないんじゃないか、と。どうなるのか、ほんとに分かってるのか、と。

ああいう、「穴に落とされたり、海に落とされたりして死んでも、それで本当に天国に還《かえ》ってると約束できるのか」っていうことも、プロの、そういうカトリックに対しても問うてるわけですから、私としては。

大川紫央　「あなたは魂を信じているんですか」と訊《き》いているんです。

スコセッシ守護霊　私は、そのへんについて分からないから、やっぱり、「生きてる人間が幸福かどうかで見るべきだ」という判断です。

大川紫央　では、今のあなたは何なのですか。

スコセッシ守護霊　だから、宗教に対して疑問を呈《てい》してるわけですよ。

大川紫央　いや、今の、しゃべっているあなたは、何なのですか。

スコセッシ守護霊　何なんですかね。

大川紫央　肉体は、アメリカかどこかにあるんですよね。

スコセッシ守護霊　うーん。「何なのですか」って言ったって……。

大川紫央　今、しゃべっている意識は、日本にいますけど、肉体はアメリカなんですよね。

スコセッシ守護霊　「キリスト教」にも、「日本の国体」にも、両方に疑問を持っています。

大川紫央　いや、だから、あなた自身は魂だと知っているんですか。

スコセッシ守護霊　何が？

大川紫央　今、しゃべっているあなたの意識です。

スコセッシ守護霊　いや、よく分からないけど。まあ、いちおう、なんかの霊体《れいたい》なんだとは思っては……。

大川紫央　でも、唯物論ですよね。

スコセッシ守護霊　いや、唯物論っていうかね。私は、やっぱり、この世で宗教をやる人たちが、天使とか、悪魔《あくま》とか、神とか、仏とか、いろいろいて、実際、自分が分かりもしないもので利益誘導《ゆうどう》するのはよくないと思ってます。

「なんで感動しないのか」と憤《いきどお》るスコセッシ守護霊

大川紫央　まあ、分かりました。ここでお聞きしても、なんか……。

スコセッシ守護霊　いや、しょうがないですけど。まあ、今日の映画の感想で、なんか言われる前にちょっと主張しときます。

大川紫央　でも、今、「スコセッシ監督の考え方」が明確に分かったので、どこかで〝球《たま》〟は投げられると思います。

スコセッシ守護霊　まあ、いちおうねえ、そらあ、「感動作」なんですよ。感動していただきたいのに、あなたが「感動しない」と言われて困ってるんで。

大川紫央　頭が痛くなったんですけど。

スコセッシ守護霊　なんであれで感動しないのか。

大川紫央　いや、どこに感動する要素があるんですか。

スコセッシ守護霊　だって、あんなに命いっぱい奪《うば》われながらですよ、死んでいった日本人がいたって、素晴《すば》らしいことだよ、歴史的には。もう、すごいことじゃない？

大川紫央　それは信仰を称《たた》えていますよね。

スコセッシ守護霊　しかし、それを勧《すす》めた人たちに責任が取れるのかっていうとこで。自分らが〝転んで〟いってるわけだから。

だから、「宗教の持つ残忍《ざんにん》さ」っていうか、そういうものっていうのはやっぱりあるんだなっていうことを知っていて。「ナチのユダヤ人殺しだけじゃないよ。人間の性《さが》として、そういう残忍なところがあるんだよ」っていうことを知っといてほしいなと思ってるわけですよ。

大川紫央　分かりました。

大川隆法　……はい。まあ、以上としましょう。

あとがき

目に見ることもできず、手に触《ふ》れることもできない神を信じることは難しい。まして や、ある特定の人を通じて神が言葉を語ったということなど信じられないことだろう。「マスコミ」と「科学教育」が生み出した現代の信仰観は、「神の不在」と「疑い」をその基礎にしている。

おそらく素朴《そぼく》な信仰を持つ者が、原始人の仲間に見え、「沈黙」ばかりしている神などあてにならないから、民主主義による結論が、「神の答え」に相当《そうとう》すると考えているのである。

しかし、幸福の科学においては、神や高級諸神霊は、実に雄弁《ゆうべん》に語り、様々《さまざま》な価値判断を下《くだ》される。

本書で示されているスコセッシ監督の守護霊メッセージは、形をかえた現代知識人の「常識」そのものでもあろう。

しかし、「永遠の生命《せいめい》」から観《み》たならば、この世の快《かい》・不快《ふかい》は、単なる方便《ほうべん》で、「魂の砥石《といし》」にしか過ぎないのだ。今こそ、本物の信仰とは何かが問われるべき時代だろう。

二〇一七年　一月三十一日

幸福《こうふく》の科学《かがく》グループ創始者兼総裁《そうししゃけんそうさい》　大川隆法《おおかわりゅうほう》

『映画「沈黙―サイレンス―」にみる「信仰と踏み絵」』大川隆法著作関連書籍

『ダイナマイト思考』（幸福の科学出版刊）
『遠藤周作の霊界談義』（同右）
『仏教学から観た「幸福の科学」分析』（同右）
『ヤン・フス　ジャンヌ・ダルクの霊言』（同右）
『福音書のヨハネ　イエスを語る』（同右）
『キリストの幸福論』（同右）

※左記は書店では取り扱っておりません。最寄りの精舎・支部・拠点までお問い合わせください。
『大川隆法霊言全集　第5巻　イエス・キリストの霊言』（宗教法人幸福の科学刊）

映画《えいが》「沈黙《ちんもく》―サイレンス―」にみる
「信仰《しんこう》と踏《ふ》み絵《え》」
――スコセッシ監督守護霊とのスピリチュアル対話――

2017年2月1日　初版第1刷
2017年2月28日　第3刷

著　者　大《おお》　川《かわ》　隆《りゅう》　法《ほう》

発行所　幸福の科学出版株式会社

〒107-0052 東京都港区赤坂2丁目10番14号
TEL(03)5573-7700
http://www.irhpress.co.jp/

印刷・製本　株式会社 研文社

落丁・乱丁本はおとりかえいたします
©Ryuho Okawa 2017. Printed in Japan. 検印省略
ISBN978-4-86395-877-7 C0014
写真：時事通信フォト／Skylight/PIXTA／tabiphoto／デジ楽

大川隆法霊言シリーズ・キリスト教作家の信仰観を訊く

遠藤周作の霊界談義

新・狐狸庵閑話

『沈黙』などの純文学やエッセイで知られる遠藤周作氏が霊界から贈る、劣等感や恋愛に悩む人、高齢者へのユーモア溢れる虚虚実実のアドバイス。

1,400円

トルストイ
——人生に贈る言葉

ロシアが生んだ世界的文豪トルストイが、二十一世紀の日本人に贈る真の平和論、人生論。人類史をくつがえす衝撃の過去世も明らかに。

1,400円

スピリチュアル・メッセージ
曽野綾子という生き方

辛口の言論で知られる保守系クリスチャン作家・曽野綾子氏。歴史認識問題から、現代女性の生き方、自身の信仰観までを、守護霊が本音で語る。

1,400円

※表示価格は本体価格(税別)です。

大川隆法霊言シリーズ・映画監督の霊言

映画監督の成功術 大友啓史監督のクリエイティブの秘密に迫る

クリエイティブな人は「大胆」で「細心」？ 映画「るろうに剣心」「プラチナデータ」など、ヒット作を次々生み出す気鋭の監督がその成功法則を語る。

1,400円

青春への扉を開けよ 三木孝浩監督の青春魔術に迫る

映画「くちびるに歌を」「僕等がいた」など、三木監督が青春映画で描く「永遠なるものの影」とは何か。世代を超えた感動の秘密が明らかに。

1,400円

映画「君の名は。」メガヒットの秘密 新海誠監督のクリエイティブの源泉に迫る

緻密な風景描写と純粋な心情表現が共感を誘う「新海ワールド」――。その世界観、美的感覚、そして監督自身の本心に迫る守護霊インタビュー。

1,400円

幸福の科学出版

大川隆法霊言シリーズ・キリスト教の真髄に迫る

キリストの幸福論

失敗、挫折、苦難、困難、病気……。この世的な不幸に打ち克つ本当の幸福とは何か。2000年の時を超えてイエスが現代人に贈る奇跡のメッセージ！

1,500円

パウロの信仰論・伝道論・幸福論

キリスト教徒を迫害していたパウロは、なぜ大伝道の立役者となりえたのか。「ダマスコの回心」の真実、贖罪説の真意、信仰のあるべき姿を、パウロ自身が語る。

1,500円

ヤン・フス ジャンヌ・ダルクの霊言

信仰と神の正義を語る

内なる信念を貫いた宗教改革者と神の声に導かれた奇跡の少女――。「神の正義」のために戦った、人類史に燦然と輝く聖人の真実に迫る!

1,500円

福音書のヨハネ イエスを語る

イエスが最も愛した弟子と言われる「福音書のヨハネ」が、2000年の時を経て、イエスの「奇跡」「十字架」「復活」の真相を解き明かす。

1,400円

※表示価格は本体価格(税別)です。

大川隆法ベストセラーズ・信仰とは何か

真実への目覚め

幸福の科学入門《ハッピー・サイエンス》

2010年11月、ブラジルで行われた全5回におよぶ講演が待望の書籍化！　いま、ワールド・ティーチャーは、世界に語りはじめた。

1,500円

宗教社会学概論

人生と死後の幸福学

なぜ民族紛争や宗教対立が生まれるのか？　世界宗教や民族宗教の成り立ちから、教えの違い、そして、その奥にある「共通点」までを明らかにする。

1,500円

人間学の根本問題

「悟り」を比較分析する

肉体と魂の探究、さらには悟りまでを視野に入れて、初めて人間学は完成する！　世界宗教の開祖、キリストと仏陀から「人間の最高の生き方」を学ぶ。

1,500円

幸福の科学出版

大川隆法霊言シリーズ・無神論・唯物論を打破する

本当に心は脳の作用か？

立花隆の「臨死体験」と「死後の世界観」を探る

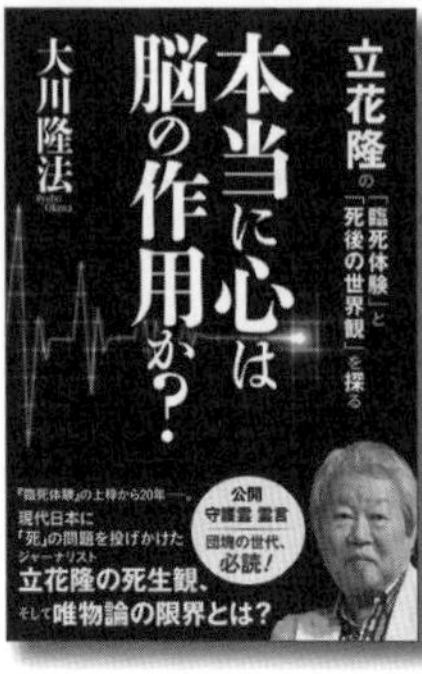

「脳死」や「臨死体験」を研究し続けてきた立花隆氏の守護霊に本音をインタビュー！ 現代のインテリが陥りやすい問題点が明らかに。

1,400円

公開霊言
ニーチェよ、神は本当に死んだのか？

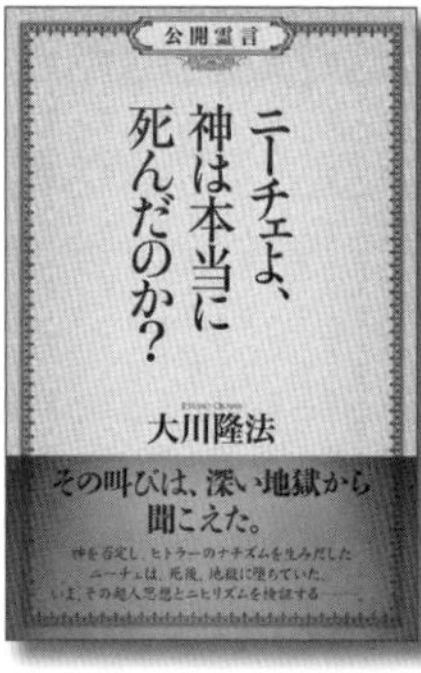

神を否定し、ヒトラーのナチズムを生み出したニーチェは、死後、地獄に堕ちていた。いま、ニーチェ哲学の超人思想とニヒリズムを徹底霊査する。

1,400円

仏教学から観た「幸福の科学」分析

東大名誉教授・中村元と仏教学者・渡辺照宏のパースペクティブ（視角）から

仏教は「無霊魂説」ではない！ 仏教学の権威 中村元氏の死後14年目の衝撃の真実と、渡辺照宏氏の天上界からのメッセージを収録。

1,500円

※表示価格は本体価格（税別）です。

最新刊

仕事ができるとは どういうことなのか

無駄仕事を止め、「目に見える成果」を出す。一人ひとりが「経営者の目」を持つ秘訣や「嫌われる勇気」の意外な落とし穴など、発展する智慧が満載！

1,500円

芸能界の「闇」に迫る レプロ・本間憲社長 守護霊インタビュー

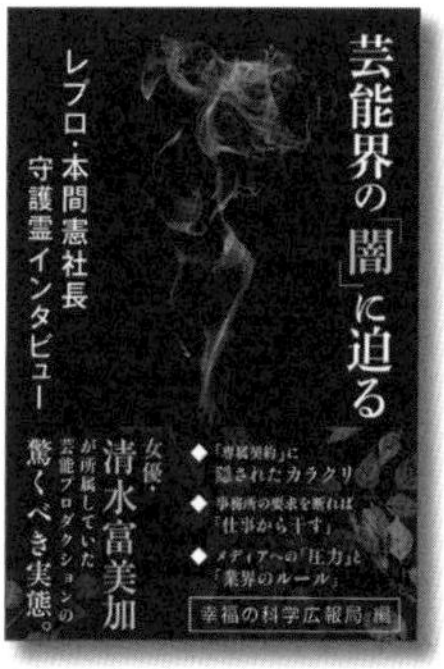

女優・清水富美加の元所属事務所・レプロの不都合な真実とは？「時代錯誤の労働環境」や「従属システム」の驚くべき実態が白日のもとに。

1,400円

全部、言っちゃうね。

芸能界のこと、宗教のこと、今までのこと、これからのこと――。今回の出家騒動について、本人にしか語れない本当の気持ちが明かされる。

1,200円

大川隆法「法シリーズ」・**最新刊**

伝道の法

人生の「真実」に目覚める時

法シリーズ
第23作

人生の悩みや苦しみは
どうしたら解決できるのか。
世界の争いや憎しみは
どうしたらなくなるのか。
ここに、ほんとうの「答え」がある。

2,000円

第１章　心の時代を生きる —— 人生を黄金に変える「心の力」
第２章　魅力ある人となるためには —— 批判する人をもファンに変える力
第３章　人類幸福化の原点 —— 宗教心、信仰心は、なぜ大事なのか
第４章　時代を変える奇跡の力 —— 危機の時代を乗り越える「宗教」と「政治」
第５章　慈悲の力に目覚めるためには —— 一人でも多くの人に愛の心を届けたい
第６章　信じられる世界へ —— あなたにも、世界を幸福に変える「光」がある

幸福の科学出版

※表示価格は本体価格（税別）です。

夏のあの日。
思い返せばわかることだった。
君のまなざしは、
すべて知っていたのだと——
君のまなざし
製作総指揮・原案／大川隆法
梅崎快人 水月ゆうこ 大川宏洋 手塚理美 黒沢年雄（特別出演） 黒田アーサー 日向丈 長谷川奈央 合香美希 春宮みずき
監督／赤羽博 総合プロデューサー・脚本／大川宏洋 音楽／水澤有一 製作・企画／ニュースター・プロダクション 制作プロダクション／ジャンゴフィルム
配給／日活 配給協力／東京テアトル ©2017 NEW STAR PRODUCTION
2017年 5月 ROADSHOW
kimimana-movie.jp

幸福の科学グループのご案内

宗教、教育、政治、出版などの活動を通じて、地球的ユートピアの実現を目指しています。

幸福の科学

一九八六年に立宗。信仰の対象は、地球系霊団の最高大霊、主エル・カンターレ。世界百カ国以上の国々に信者を持ち、全人類救済という尊い使命のもと、信者は、「愛」と「悟り」と「ユートピア建設」の教えの実践、伝道に励んでいます。

（二〇一七年二月現在）

愛

幸福の科学の「愛」とは、与える愛です。これは、仏教の慈悲《じひ》や布施《ふせ》の精神と同じことです。信者は、仏法真理をお伝えすることを通して、多くの方に幸福な人生を送っていただくための活動に励んでいます。

悟り

「悟り」とは、自らが仏の子であることを知るということです。教学《きょうがく》や精神統一によって心を磨き、智慧《ちえ》を得て悩みを解決すると共に、天使・菩薩《ぼさつ》の境地を目指し、より多くの人を救える力を身につけていきます。

ユートピア建設

私たち人間は、地上に理想世界を建設するという尊い使命を持って生まれてきています。社会の悪を押しとどめ、善を推し進めるために、信者はさまざまな活動に積極的に参加しています。

海外支援・災害支援

国内外の世界で貧困や災害、心の病で苦しんでいる人々に対しては、現地メンバーや支援団体と連携して、物心両面にわたり、あらゆる手段で手を差し伸べています。

自殺を減らそうキャンペーン

年間約３万人の自殺者を減らすため、全国各地で街頭キャンペーンを展開しています。

公式サイト　www.withyou-hs.net

ヘレンの会

ヘレン・ケラーを理想として活動する、ハンディキャップを持つ方とボランティアの会です。視聴覚障害者、肢体不自由な方々に仏法真理を学んでいただくための、さまざまなサポートをしています。

公式サイト　www.helen-hs.net

INFORMATION

お近くの精舎・支部・拠点など、お問い合わせは、こちらまで！

幸福の科学サービスセンター

TEL. 03-5793-1727（受付時間 火～金：10～20時／土・日・祝日：10～18時）

幸福の科学 公式サイト　happy-science.jp

幸福の科学グループの教育・人材養成事業

ハッピー・サイエンス・ユニバーシティ

Happy Science University

ハッピー・サイエンス・ユニバーシティとは

ハッピー・サイエンス・ユニバーシティ（HSU）は、大川隆法総裁が設立された「現代の松下村塾」であり、「日本発の本格私学」です。

建学の精神として「幸福の探究と新文明の創造」を掲げ、チャレンジ精神にあふれ、新時代を切り拓く人材の輩出を目指します。

学部のご案内

人間幸福学部

人間学を学び、新時代を切り拓くリーダーとなる

経営成功学部

企業や国家の繁栄を実現する、起業家精神あふれる人材となる

未来産業学部

新文明の源流を創造するチャレンジャーとなる

未来創造学部

時代を変え、未来を創る主役となる

政治家やジャーナリスト、ライター、俳優・タレントなどのスター、映画監督・脚本家などのクリエーター人材を育てます。※

※キャンパスは東京がメインとなり、2年制の短期特進課程も新設します（4年制の1年次は千葉です）。2017年3月までは、赤坂「ユートピア活動推進館」、2017年4月より東京都江東区（東西線東陽町駅近く）の新校舎「HSU未来創造・東京キャンパス」がキャンパスとなります。

住所 〒299-4325 千葉県長生郡長生村一松丙 4427-1
TEL.0475-32-7770

教育

学校法人 幸福の科学学園

学校法人 幸福の科学学園は、幸福の科学の教育理念のもとにつくられた教育機関です。人間にとって最も大切な宗教教育の導入を通じて精神性を高めながら、ユートピア建設に貢献する人材輩出を目指しています。

幸福の科学学園

中学校・高等学校（那須本校）
2010年4月開校・栃木県那須郡（男女共学・全寮制）
TEL 0287-75-7777
公式サイト happy-science.ac.jp

関西中学校・高等学校（関西校）
2013年4月開校・滋賀県大津市（男女共学・寮及び通学）
TEL 077-573-7774
公式サイト kansai.happy-science.ac.jp

仏法真理塾「サクセスNo.1」 TEL 03-5750-0747（東京本校）

小・中・高校生が、信仰教育を基礎にしながら、「勉強も『心の修行』」と考えて学んでいます。

不登校児支援スクール「ネバー・マインド」 TEL 03-5750-1741
心の面からのアプローチを重視して、不登校の子供たちを支援しています。
また、障害児支援の**「ユー・アー・エンゼル！」運動**も行っています。

エンゼルプランV TEL 03-5750-0757
幼少時からの心の教育を大切にして、信仰をベースにした幼児教育を行っています。

シニア・プラン21 TEL 03-6384-0778
希望に満ちた生涯現役人生のために、年齢を問わず、多くの方が学んでいます。

学校からのいじめ追放を目指し、さまざまな社会提言をしています。また、各地でのシンポジウムや学校への啓発ポスター掲示等に取り組む一般財団法人「いじめから子供を守ろうネットワーク」を支援しています。

ブログ blog.mamoro.org
公式サイト mamoro.org
相談窓口 TEL.03-5719-2170

政治

幸福実現党

内《ない》憂《ゆう》外《がい》患《かん》の国難に立ち向かうべく、二〇〇九年五月に幸福実現党を立党しました。創立者である大川隆法党総裁の精神的指導のもと、宗教だけでは解決できない問題に取り組み、幸福を具体化するための力になっています。

幸福実現党 釈量子サイト
shaku-ryoko.net

Twitter
釈量子@shakuryoko
で検索

党の機関紙
「幸福実現NEWS」

幸福実現党 党員募集中

あなたも幸福を実現する政治に参画しませんか。

○ 幸福実現党の理念と綱領、政策に賛同する18歳以上の方なら、どなたでも党員になることができます。

○ 党員の期間は、党費（年額　一般党員5千円、学生党員2千円）を入金された日から1年間となります。

党員になると

党員限定の機関紙が送付されます。
（学生党員の方にはメールにてお送りします）
申込書は、下記、幸福実現党公式サイトでダウンロードできます。

住所：〒107-0052
東京都港区赤坂2-10-8 6階
幸福実現党本部

TEL **03-6441-0754**
FAX **03-6441-0764**
公式サイト **hr-party.jp**
若者向け政治サイト **truthyouth.jp**

出版
メディア
事業

幸福の科学出版

大川隆法総裁の仏法真理の書を中心に、ビジネス、自己啓発、小説など、さまざまなジャンルの書籍・雑誌を出版しています。他にも、映画事業、文学・学術発展のための振興事業、テレビ・ラジオ番組の提供など、幸福の科学文化を広げる事業を行っています。

アー・ユー・ハッピー？
are-you-happy.com

ザ・リバティ
the-liberty.com

幸福の科学出版
TEL **03-5573-7700**
公式サイト **irhpress.co.jp**

THE FACT
ザ・ファクト
マスコミが報道しない
「事実」を世界に伝える
ネット・オピニオン番組

Youtubeにて
随時好評配信中！

ザ・ファクト　検索

ニュースター・プロダクション

NEW STAR
PRODUCTION

ニュースター・プロダクション（株）は、新時代の“美しさ”を創造する芸能プロダクションです。2016年3月には、映画「天使に“アイム・ファイン”」を公開。2017年5月には、ニュースター・プロダクション企画の映画「君のまなざし」を公開予定です。

公式サイト **newstarpro.co.jp**

入会のご案内

あなたも、幸福の科学に集い、
ほんとうの幸福を
見つけてみませんか？

幸福の科学では、大川隆法総裁が説く仏法真理をもとに、「どうすれば幸福になれるのか、また、他の人を幸福にできるのか」を学び、実践しています。

入会

大川隆法総裁の教えを信じ、学ぼうとする方なら、どなたでも入会できます。入会された方には、『入会版「正心法語」』が授与されます。（入会の奉納は1,000円目安です）

ネットでも**入会**できます。詳しくは、下記URLへ。
happy-science.jp/joinus

三帰《さんき》誓願《せいがん》

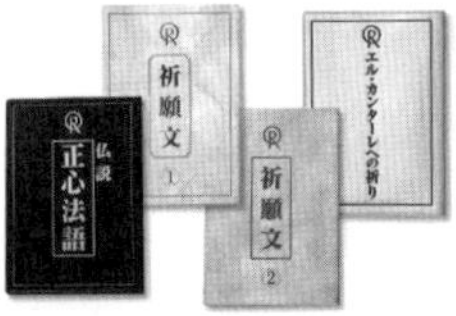

仏弟子としてさらに信仰を深めたい方は、仏・法・僧の三宝への帰依を誓う「三帰誓願式」を受けることができます。三帰誓願者には、『仏説・正心法語』『祈願文①』『祈願文②』『エル・カンターレへの祈り』が授与されます。

植福《しょくふく》の会

植福は、ユートピア建設のために、自分の富を差し出す尊い布施の行為です。布施の機会として、毎月1口1,000円からお申込みいただける、「植福の会」がございます。

ご希望の方には、幸福の科学の小冊子（毎月1回）をお送りいたします。詳しくは、下記の電話番号までお問い合わせください。

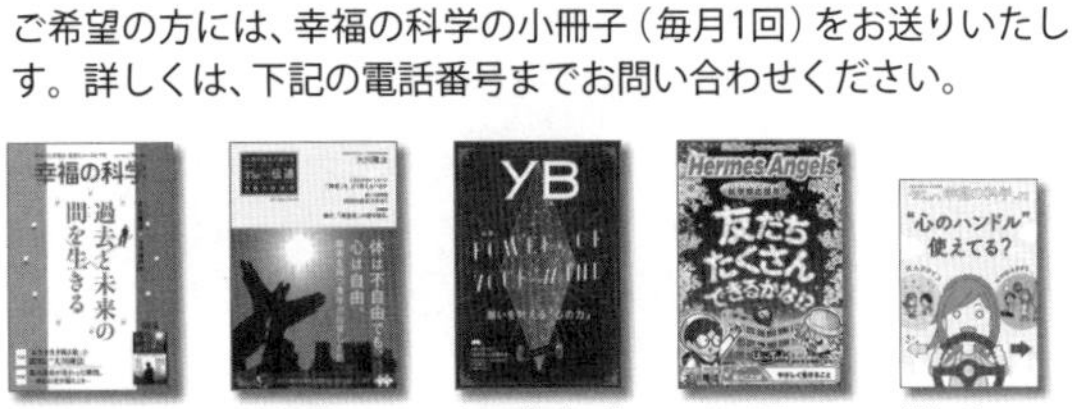

月刊「幸福の科学」　ザ・伝道　ヤング・ブッダ　ヘルメス・エンゼルズ　What's 幸福の科学

INFORMATION
幸福の科学サービスセンター
TEL. 03-5793-1727（受付時間 火〜金：10〜20時／土・日・祝日：10〜18時）
幸福の科学 公式サイト **happy-science.jp**